木曽駒 宝剣 空木
荒川三山 赤石 聖 光

中央アルプス
木曽駒ガ岳・宝剣岳
三ノ沢岳・檜尾岳・空木岳
越百山・南駒ガ岳・経ガ岳
風越山・恵那山

南アルプス南部
荒川三山・千枚岳・赤石岳
兎岳・聖岳・茶臼岳
仁田岳・易老岳・光岳
笊ガ岳・大無間山

YAMAP シリーズ⑩

木曽駒 宝剣 空木
荒川三山 赤石 聖 光
目次 CONTENTS

中央アルプス・南アルプス南部へのアクセス	4
中央アルプス・南アルプス南部山行プランニング	6

中央アルプス・コースガイド ― 36

① 千畳敷→木曽駒ガ岳→宝剣岳 ― 36
② 千畳敷→三ノ沢岳 ― 42
③ 将棊頭山→木曽駒ガ岳→千畳敷 ― 46
④ 上松→木曽駒ガ岳 ― 52
⑤ 木曽駒高原→木曽駒ガ岳 ― 56
⑥ 宝剣岳→檜尾岳→空木岳→池山尾根 ― 60
⑦ 越百山→南駒ガ岳→空木岳→倉本 ― 65
⑧ 仲仙寺→経ガ岳 ― 72
⑨ 白山社里宮→風越山→虚空蔵山 ― 75
⑩ 園原スキー場→恵那山 ― 78

南アルプス南部・コースガイド ― 94

⑪ 三伏峠→荒川三山→千枚岳 ― 94
⑫ 荒川三山→赤石岳→椹島 ― 100
⑬ 椹島→赤石岳→百間平→聖岳→椹島 ― 110
⑭ 便ガ島→聖平→茶臼岳→易老岳→光岳→易老岳→易老渡 ― 120
⑮ 椹島→笊ガ岳→転付峠→二軒小屋 ― 128
⑯ 田代中→小無間山→大無間山 ― 134

MAP

中央アルプス周辺広域図 ― 14
コース詳細図／5万分ノ1
MAP ① 木曽駒ガ岳 ― 16
MAP ② 木曽駒高原・上松 ― 18
MAP ③ 木曽駒ガ岳〜空木岳 ― 20
MAP ④ 空木岳〜越百山 ― 22

コース詳細図／2万5000分ノ1
MAP ⑤ 経ガ岳 ― 24
MAP ⑥ 風越山 ― 26
MAP ⑦ 恵那山 ― 28
MAP ⑧ 木曽駒ガ岳・宝剣岳・千畳敷 ― 30

南アルプス南部周辺広域図 ― 82
コース詳細図／5万分ノ1
MAP ⑨ 三伏峠・小河内岳 ― 84
MAP ⑩ 赤石岳・聖岳 ― 86
MAP ⑪ 光岳・上河内岳 ― 88
MAP ⑫ 笊ガ岳・転付峠 ― 90
MAP ⑬ 大無間山・小無間山 ― 92

地図凡例

- 本文で紹介するコース
- サブコース・コラムで紹介するコース
- その他の一般コース
- 国道
- 県道・市町村道
- 林道
- ロープウェイ・リフト
- 県境
- 市町村境
- ビューポイントと展望範囲
- ←1.20 参考コースタイム（時間.分）
- コースタイムの区切りポイント
- P38-46 本文で紹介するコース番号＆ページ
- 山小屋（営業小屋）
- 山小屋（避難小屋）
- キャンプ指定地
- バス停
- P 駐車場
- 水場

サブコース・中央アルプス
1. 伊那前岳→北御所谷 — 51
2. 広河原コース→恵那山 — 80

サブコース・南アルプス南部
1. 鳥倉林道→豊口山コース→三伏峠 — 96
2. 小渋川→大聖寺平 — 106
3. 畑薙第一ダム→横窪沢小屋→茶臼岳 — 126
4. 田代入口→転付峠→二軒小屋→千枚岳 — 133

パノラマ展望写真
- 駒ガ岳山頂・パノラマ展望 — 41
- 空木岳山頂・パノラマ展望 — 64
- 荒川三山山頂・パノラマ展望 — 99
- 赤石岳山頂・パノラマ展望 — 104
- 光岳山頂・パノラマ展望 — 124

コラム・中央アルプスの歴史
1. 遭難事故の記憶を残す「聖職の碑」 — 49
2. 駒ガ岳神社と山岳信仰 — 55

コラム・中央アルプスの魅力
1. 駒ガ岳ロープウェイ — 38
2. 飯田一と評判の寿司処「祥吉」 — 77

中央アルプス／南アルプス南部の山小屋物語
1. 宝剣山荘 — 45
2. 木曽殿山荘 — 59
3. 越百小屋 — 68
4. 二軒小屋 — 119

コラム・南アルプス南部の自然
1. 赤石岳の赤い石 — 102
2. 光岩とセンジガ原の亀甲状土 — 122

南アルプス南部の魅力
1. 懐かしいSLが走る大井川鉄道の旅 — 107
2. 大井川上流部・秋の渓谷を訪れる — 127
3. 富士見峠の朝市 — 139

南アルプス南部の歴史
- 縄文時代から続く南アルプス南部の歴史 — 118

- 中央アルプスの撮影ポイントガイド — 70
- 南アルプス南部の撮影ポイントガイド — 116
- 中央アルプスのお花畑散策＆花カタログ — 32
- 南アルプス南部のお花畑 — 108
- おすすめ山の温泉 — 140
- データ・ファイル — 142
  - 山小屋・宿泊施設
  - 市町村役場・交通・山域関連URL
- 木曽駒ガ岳からの山岳展望図 — 144
- 赤石岳からの山岳展望図 — 146
- 中央アルプス・南アルプス南部 白地図 — 148
- 山行記録 — 172

本書の使い方

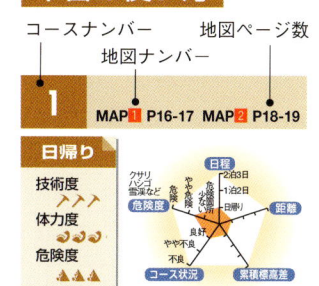

コースナンバー　地図ページ数
地図ナンバー

1 MAP1 P16-17　MAP2 P18-19

日帰り
技術度
体力度
危険度

●日程　初級クラスの登山者が、無理なく歩ける日程としています。ただし、登山口までのアクセスに要する時間は含みません。

●技術度ランク　⚒は指導標が整備され、滑落や落石の危険のないコース。⚒⚒はコースは比較的よく整備されているが、一部に岩場や鎖場、ハシゴ場などがあるコース。⚒⚒⚒は危険度の高い岩場地帯の通過があったり、コースが荒れていて、地図の正しい読み方が必要なコースを示します。

●体力度ランク　🥾は歩行時間が少なく、登山差もあまりないコース。🥾🥾は6時間以上の歩行時間を要し、1000m前後の標高差があるコース。🥾🥾🥾は1日の歩行時間が10時間以上であったり、山中3泊以上を要するコースを示します。

●危険度ランク　⚠はコース上に岩場や雪渓がなく、誰もが比較的安全に歩けるコース。⚠⚠は一部に岩場や雪渓があるものの、滑落や落石、転落の危険度が低いコース。⚠⚠⚠は困難な岩場の通過や、急な雪渓があり、転落や滑落、落石の危険度が高いコースを示します。

●難易度ランク・グラフ
「日程」「距離」「累積標高差」「危険度」「コースの整備状況」の5つの要素をグラフ化したものです。コースを選定する際の参考にしてください。

● 歩行距離
紹介コースの1日ごとの歩行距離とその総計を紹介しています。

● 標高差
標高差は登山口の標高と、コース上の最高地点の差を示しています。また、累積標高差は、2万5000分ノ1地形図をもとに算出しています。

● 参考コースタイム　高低図の上部に、初心者が無理なく歩ける時間を想定し、往路と復路で紹介しています。

●マーク
徒歩　タクシー　バス
電車　山小屋
リフト　ロープウェイ

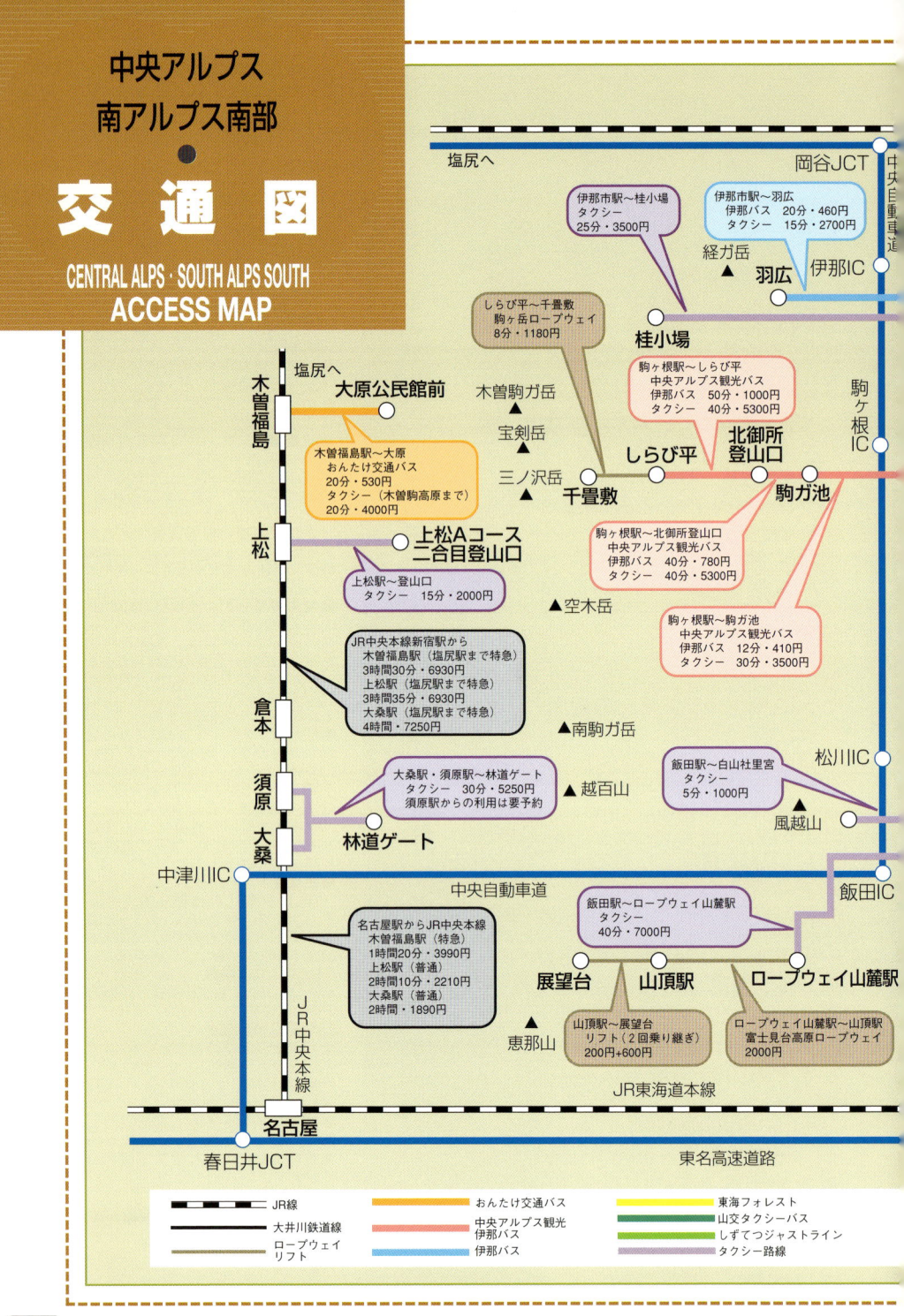

中央アルプス 南アルプス南部 交通図
CENTRAL ALPS・SOUTH ALPS SOUTH ACCESS MAP

- 伊那市駅～桂小場　タクシー　25分・3500円
- 伊那市駅～羽広　伊那バス　20分・460円　タクシー　15分・2700円
- しらび平～千畳敷　駒ヶ岳ロープウェイ　8分・1180円
- 駒ヶ根駅～しらび平　中央アルプス観光バス　伊那バス　50分・1000円　タクシー　40分・5300円
- 木曽福島駅～大原　おんたけ交通バス　20分・530円　タクシー（木曽駒高原まで）20分・4000円
- 上松駅～登山口　タクシー　15分・2000円
- 駒ヶ根駅～北御所登山口　中央アルプス観光バス　伊那バス　40分・780円　タクシー　40分・5300円
- JR中央本線新宿駅から　木曽福島駅（塩尻駅まで特急）3時間30分・6930円　上松駅（塩尻駅まで特急）3時間35分・6930円　大桑駅（塩尻駅まで特急）4時間・7250円
- 駒ヶ根駅～駒ガ池　中央アルプス観光バス　伊那バス　12分・410円　タクシー　30分・3500円
- 大桑駅・須原駅～林道ゲート　タクシー　30分・5250円　須原駅からの利用は要予約
- 飯田駅～白山社里宮　タクシー　5分・1000円
- 名古屋駅からJR中央本線　木曽福島駅（特急）1時間20分・3990円　上松駅（普通）2時間10分・2210円　大桑駅（普通）2時間・1890円
- 飯田駅～ロープウェイ山麓駅　タクシー　40分・7000円
- 山頂駅～展望台　リフト（2回乗り継ぎ）200円+600円
- ロープウェイ山麓駅～山頂駅　富士見台高原ロープウェイ　2000円

地名：塩尻へ、岡谷JCT、中央自動車道、伊那IC、経ガ岳、羽広、桂小場、木曽福島、大原公民館前、木曽駒ガ岳、宝剣岳、三ノ沢岳、しらび平、北御所登山口、千畳敷、駒ヶ根IC、駒ガ池、上松、上松Aコース二合目登山口、倉本、空木岳、須原、南駒ガ岳、大桑、越百山、松川IC、林道ゲート、風越山、中津川IC、中央自動車道、飯田IC、恵那山、展望台、山頂駅、ロープウェイ山麓駅、JR中央本線、JR東海道本線、名古屋、春日井JCT、東名高速道路

凡例：JR線、おんたけ交通バス、東海フォレスト、大井川鉄道線、中央アルプス観光、山交タクシーバス、ロープウェイリフト、伊那バス、しずてつジャストライン、タクシー路線

交通アクセス図

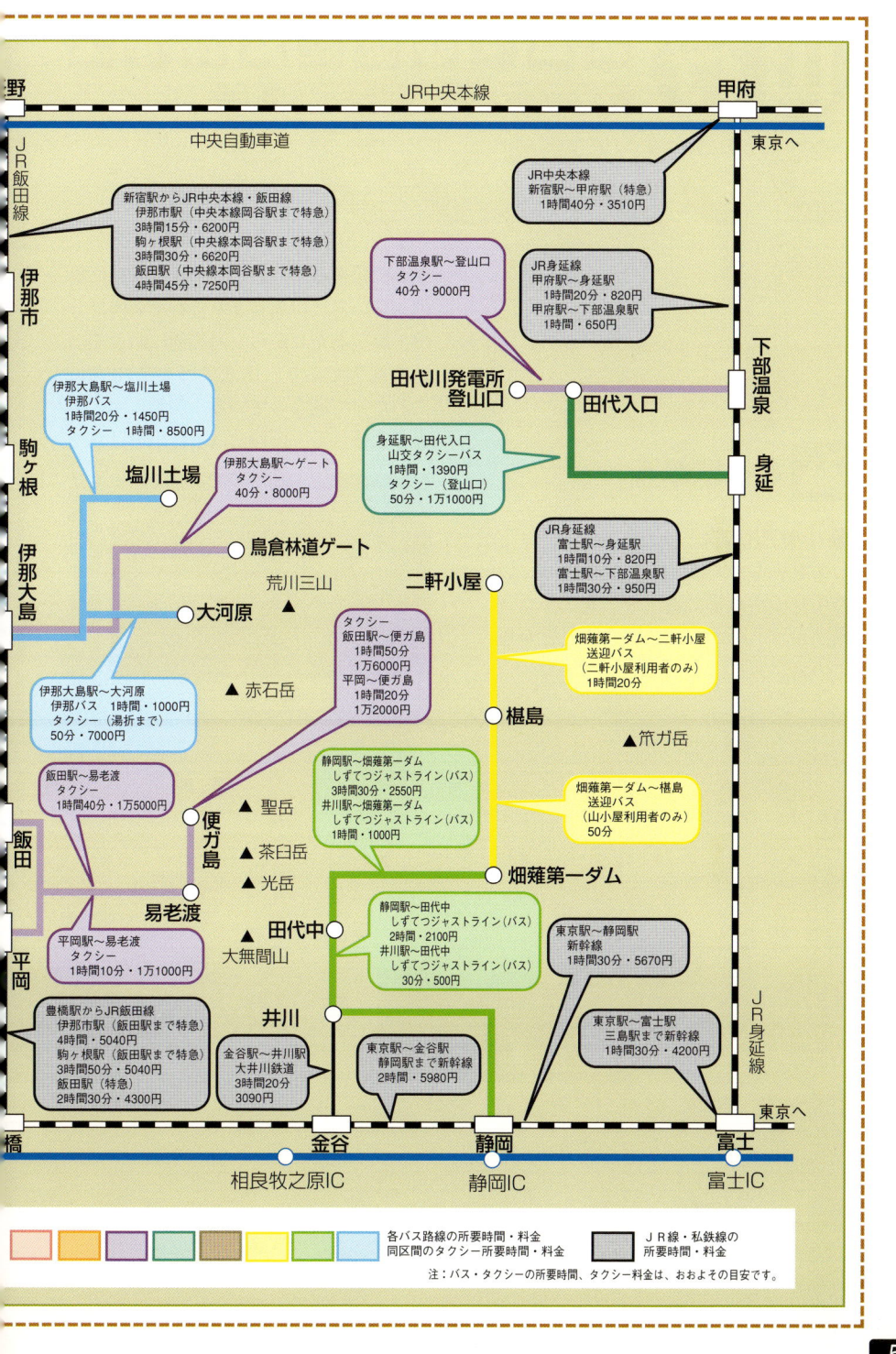

JR・主要路線

- **JR中央本線**
- **中央自動車道**
- **JR飯田線**
- **JR身延線**
- **東京へ**（甲府・富士方面）

主要駅・地点

伊那市／駒ヶ根／伊那大島／飯田／平岡／豊橋／金谷／静岡／富士／甲府／下部温泉／身延

料金・所要時間情報

新宿駅からJR中央本線・飯田線
- 伊那市駅（中央本線岡谷駅まで特急）　3時間15分・6200円
- 駒ヶ根駅（中央本線岡谷駅まで特急）　3時間30分・6620円
- 飯田駅（中央本線岡谷駅まで特急）　4時間45分・7250円

JR中央本線
新宿駅〜甲府駅（特急）　1時間40分・3510円

JR身延線
- 甲府駅〜身延駅　1時間20分・820円
- 甲府駅〜下部温泉駅　1時間・650円

下部温泉駅〜登山口
タクシー　40分・9000円

田代川発電所登山口／田代入口

身延駅〜田代入口
- 山交タクシーバス　1時間・1390円
- タクシー（登山口）　50分・1万1000円

伊那大島駅〜塩川土場
- 伊那バス　1時間20分・1450円
- タクシー　1時間・8500円

伊那大島駅〜ゲート
タクシー　40分・8000円

鳥倉林道ゲート

▲荒川三山　／　大河原　／　二軒小屋

伊那大島駅〜大河原
- 伊那バス　1時間・1000円
- タクシー（湯折まで）50分・7000円

▲赤石岳

タクシー
- 飯田駅〜便ヶ島　1時間50分・1万6000円
- 平岡〜便ヶ島　1時間20分・1万2000円

畑薙第一ダム〜二軒小屋
送迎バス（二軒小屋利用者のみ）1時間20分

飯田駅〜易老渡
タクシー　1時間40分・1万5000円

椹島　　▲笊ヶ岳

静岡駅〜畑薙第一ダム
しずてつジャストライン（バス）3時間30分・2550円
井川駅〜畑薙第一ダム
しずてつジャストライン（バス）1時間・1000円

畑薙第一ダム〜椹島
送迎バス（山小屋利用者のみ）50分

▲聖岳　／　▲茶臼岳　／　▲光岳

便ヶ島／易老渡／田代中／大無間山

平岡駅〜易老渡
タクシー　1時間10分・1万1000円

畑薙第一ダム

静岡駅〜田代中
しずてつジャストライン（バス）2時間・2100円
井川駅〜田代中
しずてつジャストライン（バス）30分・500円

東京駅〜静岡駅
新幹線　1時間30分・5670円

豊橋駅からJR飯田線
- 伊那市駅（飯田駅まで特急）4時間・5040円
- 駒ヶ根駅（飯田駅まで特急）3時間50分・5040円
- 飯田駅（特急）2時間30分・4300円

金谷駅〜井川駅
大井川鉄道　3時間20分・3090円

東京駅〜金谷駅
静岡駅まで新幹線　2時間・5980円

東京駅〜富士駅
三島駅まで新幹線　1時間30分・4200円

井川／金谷／静岡／富士

相良牧之原IC　静岡IC　富士IC

凡例：
- 各バス路線の所要時間・料金
- 同区間のタクシー所要時間・料金
- JR線・私鉄線の所要時間・料金

注：バス・タクシーの所要時間、タクシー料金は、おおよその目安です。

山行プランニング

中央アルプス・南アルプス南部

- 日程
- コース
- アクセス
- 用具
- 危険回避

平野部から一気に3000mクラスの山稜が屹立する中央アルプス、大井川の山懐におおらかに巨大な峰々が連なる南アルプス南部——相反する特徴をもった2つのエリアを、安全かつ快適に登るためのノウハウを紹介しよう。

どこにある

● 中央アルプス

中央アルプスは、日本の屋根とよばれる中部山岳地帯にあって、北アルプス、南アルプスの中央に位置することから、この名がある。南の恵那山で岐阜県とわずかに接するものの、大半は長野県に集中している。伊那谷と木曽谷を東西に分け、塩尻あたりから三河高地におよぶ山地の総称であり、南北におよそ100kmにわたって連なっている。別名、木曽山脈とよばれる。西側には木曽川をはさん

空木岳山頂から望む北部の名峰。宝剣岳の穂先が鋭い

山行プランに役立つ!! 中央アルプス・南アルプス南部の四季カレンダー

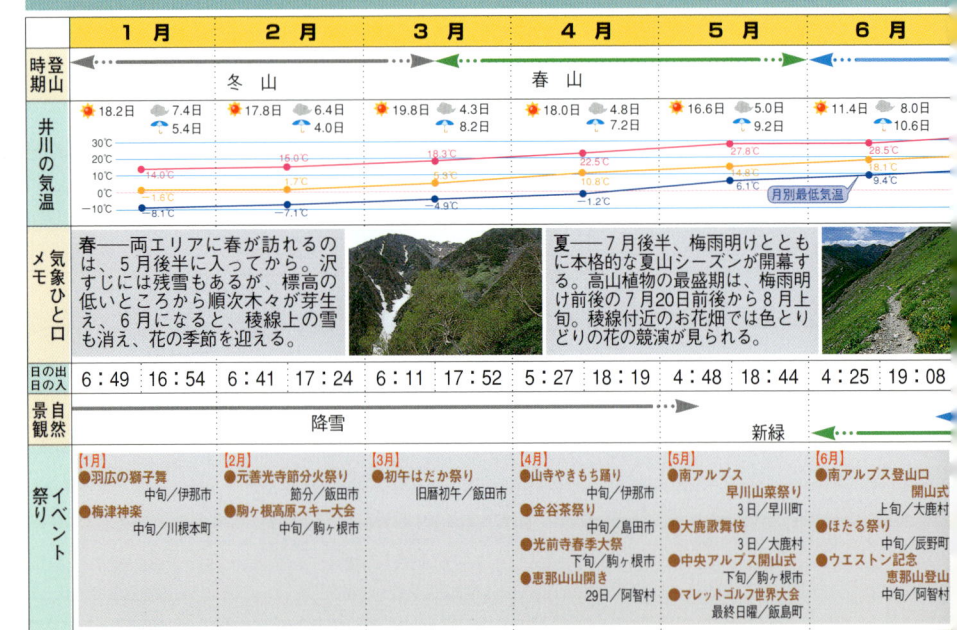

	1月	2月	3月	4月	5月	6月
登山時期	冬山	冬山	冬山	春山	春山	春山
井川の気温	☀18.2日 ☁7.4日 ☂5.4日 最高15.0℃ 14.0℃ −1.6℃ −8.1℃	☀17.8日 ☁6.4日 ☂4.0日 16.0℃ 1.7℃ −7.1℃	☀19.8日 ☁4.3日 ☂8.2日 18.3℃ 9.3℃ −4.9℃	☀18.0日 ☁4.8日 ☂7.2日 22.5℃ 10.8℃ −1.2℃	☀16.6日 ☁5.0日 ☂9.2日 27.8℃ 14.8℃ 6.1℃ (月別最低気温)	☀11.4日 ☁8.0日 ☂10.6日 28.5℃ 18.1℃ 9.4℃
気象メモひと口	春——両エリアに春が訪れるのは、5月後半に入ってから。沢すじには残雪もあるが、標高の低いところから順次木々が芽生え、6月になると、稜線上の雪も消え、花の季節を迎える。			夏——7月後半、梅雨明けとともに本格的な夏山シーズンが開幕する。高山植物の最盛期は、梅雨明け前後の7月20日前後から8月上旬。稜線付近のお花畑では色とりどりの花の競演が見られる。		
日の出日の入	6:49 16:54	6:41 17:24	6:11 17:52	5:27 18:19	4:48 18:44	4:25 19:08
自然景観	降雪	降雪	降雪	降雪	新緑	新緑
祭りイベント	[1月] ●羽広の獅子舞 中旬/伊那市 ●梅津神楽 中旬/川根本町	[2月] ●元善光寺節分火祭り 節分/飯田市 ●駒ヶ根高原スキー大会 中旬/駒ヶ根市	[3月] ●初午はだか祭り 旧暦初午/飯田市	[4月] ●山寺やきもち踊り 中旬/伊那市 ●金谷茶祭り 中旬/島田市 ●光前寺春季大祭 下旬/駒ヶ根市 ●恵那山山開き 29日/阿智村	[5月] ●南アルプス早川山菜祭り 3日/早川町 ●大鹿歌舞伎 3日/大鹿村 ●中央アルプス開山式 下旬/駒ヶ根市 ●マレットゴルフ世界大会 最終日曜/飯島町	[6月] ●南アルプス登山口開山式 上旬/大鹿村 ●ほたる祭り 中旬/辰野町 ●ウエストン記念 恵那山登山 中旬/阿智村

千畳敷から乗越浄土に登る八丁坂の途中。和合ノ頭とよばれる岩峰の下部は、みごとなお花畑

ばれ、そして、特にはっきりとした境界があるわけではないが、三伏峠、転付峠あたりから南側が「南部」とされる。
　南部の中心地域となる大井川上流域は静岡県静岡市に属する。静岡市街地からバスで3時間30分ほどの畑薙第一ダムが主な登山口である。

で、その対岸に霊峰・御嶽山と、はるか遠くに白山、東側には天竜川をはさんで八ガ岳と南アルプス連峰が北から南へと屏風を立てたように連なって対峙する。

● 南アルプス南部

　南アルプス国立公園は長野県、山梨県、静岡県にまたがっている。
仙丈ガ岳〜三峰岳〜塩見岳〜赤石岳〜光岳に続く稜線を、狭い意味での「赤石山脈」とよび、北岳〜農鳥岳〜笊ガ岳の稜線は「白根山脈」または「白根南嶺」とよ

展望のよい上河内岳から南部の主な山々を展望する。左から、聖岳、赤石岳、悪沢岳。6月上旬

- ●井川（標高770m）の気温変化は1998〜2002年までのデータから算出しています。
- ●晴雨日数は長野県伊那市のアメダスデータ（1998〜2002年）をもとに算出した参考データです。
- ●日の出・日の入の数値は木曽駒ガ岳山頂（北緯35°47′11″、東経137°48′27″、標高2956m）の2007年6月〜2008年5月間の毎月1日の時刻です。

7月	8月	9月	10月	11月	12月
夏 山		秋 山			冬 山
17.0日 / 7.0日	16.6日 / 6.8日 / 7.0日	14.0日 / 7.0日 / 7.6日	17.8日 / 3.6日 / 8.8日	19.6日 / 5.4日 / 9.2日	19.8日 / 7.6日 / 4.6日 / 3.6日
32.8℃ / 22.1℃ / 14.6℃	31.6℃ / 22.4℃ / 16.4℃	28.9℃ / 19.2℃ / 9.8℃	26.6℃ / 14.2℃ / 4.2℃	21.6℃ / 5.2℃ / -1.1℃	14.5℃ / 3.7℃ / -4.0℃
月別平均気温	月別最高気温				
4:27 / 19:18	4:47 / 19:03	5:12 / 18:26	5:35 / 17:42	6:02 / 17:03	6:30 / 16:44
梅雨 →	高山植物		紅葉		降雪

秋──9月上・中旬、稜線の草紅葉とともに秋が訪れる。9月下旬には稜線や山腹の木々が黄・赤に染まり、一年でも、最も彩り豊かな季節となる。そして10月、突然の降雪から季節は冬へと向かう。

冬──中央アルプス、南アルプス南部とも、11月に入ると初冬を迎え、降雪を見ることも珍しくない。12月になると本格的な厳冬期で、千畳敷周辺を除けば、訪れる人もほとんど稀となる。

【7月】
● 駒ヶ根　サンバカーニバル
　下旬の土曜／駒ヶ根市
● 大井川かわ下り大会
　下旬／川根本町

【8月】
● 伊那祭り
　第1土・日曜／伊那市
● 飯田りんごん
　初旬の土曜／飯田市
● 雨畑湖上祭
　15日／早川町
● 天竜ふるさと祭り
　31日／駒ヶ根市

【9月】
● 田代駒の舞（3年に1度）
　15日／川根本町
● 中央アルプス
　駒ヶ根高原マラソン大会
　下旬／駒ヶ根市

【10月】
● 経ガ岳ハイキング
　上旬／南箕輪村
● 元善光寺菊人形展
　15日〜／飯田市
● 行者祭り
　初旬／早川町
● 小渋もみじ祭り
　中旬／中川村

【11月】
● 井川ダム祭り
　3日／静岡市井川
● 奥大井ふるさと祭り
　初旬／川根本町
● 南アルプスの紅葉と
　収穫祭り
　第2日曜／早川町
● 井川もみじマラソン
　中旬／静岡市井川

【12月】
● 寸又峡温泉感謝祭
　6・7日／川根本町

山の特徴は？

● 中央アルプス

　中央アルプスは、逆断層山地のため、麓から山頂まで一気にそそり立っている。そのため植物相が著しく変化することが、この山塊群の特徴である。3000mを越す頂こそないが、各所に圏谷が存在し、比類なき高山植物の宝庫が広がる。さらに深く切れ込んだ谷は、急峻豪快な滝を連続させる。森林限界の樹木は造形的で、新緑や紅葉が実に美しい。

小赤石岳から赤石岳本峰にのびる稜線。可憐な花々が風に耐えながら揺れている。展望も抜群

黒川源流部の斜面に広がるコイワカガミの大群落。駒飼ノ池直下の登山道脇に発達する

● 南アルプス南部

　南部において赤石岳、聖岳、荒川三山は3000mを越える名峰で、登山者も多い。シラビソなどの針葉樹林が巨大な山腹を埋めつくし、急峻な谷が奥深く続いている。森林限界を抜ければダケカンバの明るい林で、色とりどりの可憐な花が斜面を埋めつくす。荒川三山のカールも迫力充分だ。

　一方、茶臼岳から光岳にかけては閑かな森が続く。また、笊ガ岳や布引山の稜線は予想以上に登山道がしっかりしている。樹林の様子や展望のすばらしさ、そして歩きやすさが魅力のエリアである。

ベスト・シーズンは？

● 中央アルプス

　残雪が消える7月上旬～10月中旬までが登山の対象期間となる。しかし梅雨が終わる7月下旬～8月上旬が夏山登山の適期。高山植物を鑑賞するならこの時期だ。紅葉は、稜線上の草紅葉が9月上旬からで、ダケカンバやナナカマドの絢爛豪華な紅葉は、千畳敷と濃ガ池が早く、9月下旬～10月上旬。

上：宝剣岳北方で仲間と休憩する登山者。さわやかな空気を吸って、持ち寄った食べ物を分け合う
中：千畳敷から八丁坂の基部に向かう登山者。お花畑の道は、疲れを忘れさせてくれる
下：越百山の山頂部が草紅葉とハイマツの緑色の美しい模様を描く。秋の空は抜けるような青空が美しい

● 南アルプス南部

　南アルプス南部の山域において、食事・寝具付きの小屋で泊まり歩くなら、7月下旬〜8月末までの荒川三山〜茶臼岳が充実している。さらに、1〜2泊分の自炊を予定すれば、三伏峠から光岳までの長期縦走も可能となる。

　紅葉の時期までなら、二軒小屋ロッジ、椹島ロッジ、千枚小屋、赤石小屋が食事・寝具付きの宿泊となっている。

　各山小屋は、営業期間外に無人になっても、通年で利用できることが多いので、短期間の山行を計画すれば、食料などの荷物が少なくてすみ、夏の最盛期以外でも入山することはそんなに難しいことではない。

千枚小屋付近のお花畑は広さも種類の多さも南部有数である

赤石小屋から見上げる秋真っ盛りの赤石岳。手前はナナカマド

ヶ根市からバスとロープウェイを利用して千畳敷から木曽駒ガ岳や宝剣岳、さらに三ノ沢岳に登る場合は、朝一番に乗れば日帰りも可能だ。木曽駒ガ岳から空木岳、南駒ガ岳、さらに越百山を走破する全縦走は、好天に恵まれても最低3泊4日が必要。恵那山、風越山、経ガ岳は日帰り山行で出かける人が多い。

● 南アルプス南部

　畑薙第一ダムから始発の送迎バスに乗り、初日から登りはじめれば日程が一日短縮できる。ただし、近県からは車中泊しないと送迎バスに間に合わない。麓の宿泊施設の利用は別として、山小屋泊に限っていうと、南アルプス南部の山々を周遊するには、3日の行程は必要だ。2日の予定では、どこかで無理が生じるか、主な山の往復程度に終わってしまう。

山小屋を利用するには？

● 中央アルプス

　木曽駒ガ岳周辺の登山基地となるのがホテル千畳敷（予約制）。稜線上には宝剣山荘が建ち、営業期間が一番長い。この

① 赤い屋根の天狗荘。家族連れに人気がある
② 宝剣岳の肩に建つ、歴史ある宝剣山荘
③ 将棊頭山の肩に建つ、伊那市西駒山荘
④ 越百山避難小屋に隣接する越百小屋

何日で歩く？

● 中央アルプス

　伊那市、木曽町、上松町から木曽駒ガ岳を目指す場合は、最低が1泊2日。駒

関連小屋は天狗荘と頂上山荘。さらに、木曽側直下に頂上木曽小屋、鞍部に玉ノ窪山荘がある。縦走路には木曽殿越の木曽殿山荘が唯一の営業小屋。また、越百小屋は伊奈川ダムから越百山や空木岳、南駒ガ岳を登山する際に貴重な山小屋。

山小屋を利用するには事前に予約し、午後4時ころには到着したい。まず受付をすませ、注意事項を守ることがマナー。

● 南アルプス南部

南アルプス南部では、管理人のいない避難小屋を利用する機会も多い。管理人のいる小屋の場合、各自の寝る場所を指定されるので問題ないが、管理人不在の避難小屋や、素泊まり専用の小屋の場合は、お互いに配慮して気持ちよくすごしたいものである。

また、食事付きの小屋には午後2時から3時までの間に到着するようにしたい。夕食は午後4時すぎ、朝食は午前4時か5時ころからである。早い時間に頼めばお弁当も用意してくれる。なお、夏場の起床時刻は大体午前4時ごろ。したがって、就寝時刻は午後7時から8時と、早めに休む人が多い。

❶瀟洒な造りの二軒小屋ロッヂ
❷横窪沢小屋は静かな森の中
❸断熱のよく効いた光小屋
❹荒川中岳避難小屋は心強い存在
❺夏場は特に人気の千枚小屋
南アルプス南部のほとんどの小屋は、最近15年ほどの間に次次と新築された。風雨にも耐え、中は暖かい

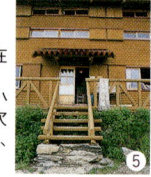

テントを利用するには？

● 中央アルプス

中央アルプスでは、夏、秋とも幕営地が限られている。稜線上では、木曽駒ガ岳と中岳の鞍部が唯一のキャンプ指定地となっている。頂上山荘が管理しているので、申し込みの上、注意事項を厳守すること。登山口では上松二合目付近の山ノ湯アルプス山荘にキャンプ指定地がある。なお、テント生活では、ゴミを持ち帰ることはもちろん、食器は洗ったりせず、ティッシュペーパーで拭き取ることがマナー。

● 南アルプス南部

テントの設営は必ず受付をすませてから行う。テントは指定された場所で設営することになるが、設営場所が自由である場合は、水はけや風当たりのことも注意して選ぶとよい。極力、周囲を汚さないように。また、いくら屋外であるといっても、夜遅くまで騒いでいたり、朝、あまりにも早い時間から物音をたてるのは控えよう。

どこを歩く？

● 中央アルプス

宝剣岳山頂から極楽平方面に中央アルプスの主稜を行く登山者。最も難しい区間

中央アルプスは伊那、木曽とも急峻な地形なので、どちら側から登っても森林帯を抜けるまでは急な登りが多く、ハシゴや桟道が一定区間続く。北部の宝剣岳、南部の空木岳、仙涯嶺には岩場もある。

● 南アルプス南部

やはり、歩きはじめは沢沿いの道か尾根に取り付くかのどちらかになる。沢沿いの道は河原沿いから徐々に高度を上げていき、途中から尾根に移る場合と、聖沢のように最源流部までひたすらトラバース気味に進む場合がある。一方、尾根道は比較的安全だが、樹林の中の急登が丸一日続く場所も多い。

南アルプスの各ピークは広々としている。上河内岳から見る聖岳、赤石岳、悪沢岳（左から）

木曽側へはJR中央線を利用する。また、木曽駒ヶ岳へ駒ヶ根市と木曽町から、経ガ岳へ伊那市からバスが運行しているが、他はタクシー利用となる。

● 南アルプス南部

登山基地である椹島（さわらじま）までは、畑薙（はたなぎ）第一ダムから東海フォレストの送迎バスに乗車可能（施設利用者に限る）。聖岳や光岳への長野県側登山口である便ガ島（たよりがしま）まではタクシーかマイカーを利用。バスは本数が少ないので下調べが必要。

上：大井川鉄道井川線の終点、井川駅。秋の観光客が多い
下：バス（しずてつジャストライン）の終点、畑薙第一ダム

🧥 服装はどうする？

● 中央アルプス

夏山は、足回りに軽登山靴かトレッキングシューズ、速乾性素材のTシャツ、ズボンは通気性のよい薄手のものが重宝する。下着は水分の吸収性がよく、発汗性素材のもの、麓から歩く場合は長袖シャツ（防虫と、ブッシュから肌を守る）、靴下は厚手のもの（足先の保護）、サングラス、帽子、軍手、上下タイプのレインウェア、背中にフィットし、肩と腰にかかる荷重のバランスがよく、背中にメッシュがあるザック、ザックカバー。秋は、防寒対策を考慮し、セーターかフリースの長袖、ウールの帽子、手袋、マフラーを加えよう。

🚗 アクセスはどうする？

● 中央アルプス

伊那側へはJR飯田線と、近年発達がめざましい中央高速バスが充実している。

上：ロープウェイ乗り場のしらび平で乗車を待つ登山者
下：上松駅の隣に建つ観光案内所。登山情報が得られる

● 南アルプス南部

　長い尾根を登る時などはどうしても暑くなるし、樹林帯の中であることが多いので、Tシャツとショートパンツでよいかもしれないが、けがの防止と防寒のために、必ず長袖シャツと長ズボンは用意すべきであろう。厚手のものでなくてもよいので、夏用のものを探して快適に歩こう。

　また、雨が降った時や汗をかいた時のために着替えも必要だ。夏山といえども、セーターがほしい時もあるので、かさばらない適当なものを持参するとよい。

持っていきたい用具は？

● 中央アルプス

　水筒、地図またはガイドブック、ヘッドライト、手ぬぐい、タオル、バンダナ、ティッシュペーパー、カップ、携帯性のよい高山植物図鑑、虫よけスプレー、日焼け止めクリーム、靴紐の予備、保険証のコピーは日帰りでもザックにしのばせておこう。ヘッドランプ用の電池予備、スタッフバック、トランプなど持ち運びやすい遊具は宿泊山行に役立つ。ストックと保温瓶も重宝する。

● 南アルプス南部

　小屋泊まりで荷物を軽くして歩くならば軽登山靴で充分だろう。靴下は薄いものと厚いものを各1枚もつとよい。くるぶしが出てしまう運動靴程度では捻挫を起こしやすい。

　ザックは食事・寝具付きの小屋泊まりの場合で20〜30ℓ、1〜2泊の素泊まりの場合は30〜40ℓ、テント一式を持つ場合は50ℓ以上のものが必要。そのほか、シュラフカバーは水濡れと寒さ対策にたいへん有効である。

危険を回避する方法は？

● 中央アルプス

　登山における危険箇所とは、岩場や滑りやすい急斜面を指す。岩場では、腕を曲げずに、しっかり手をのばし、手掛かりをつかむ。足運びは眼で確認し、慎重に足場をとる。手足4本のうち、3本は必ず岩を確保する。これを三点支持といい、この原則を守ることで安全に通過できる。砂礫の滑りやすい急斜面では、体を倒さず、垂直姿勢を保つように。

やせた尾根の通過はバランスよく、岩場のトラバースと登りは、手がかりと足場にしっかり注意を払おう

● 南アルプス南部

　沢沿いの登山道では降雨時の落石や土砂崩れ、桟道上のスリップなどに充分注意したい。森林限界を越えてしまうと岩場が多くなるので、足元や荷物を岩や木に引っかけてバランスを崩すこともある。また、稜線では風が強く気温も低いことを充分頭に入れておかなくてはならない。

右…田代入口から伝付峠に向かう河原沿いの道。降雨時と増水時には注意
下…全長182mの畑薙大吊橋。濡れていると滑りやすい。慎重に

中央アルプス

将棊頭山をしたがえた中央アルプス最高峰の木曽駒ガ岳を筆頭に、百名山3座を含めた魅力あふれる個性的な名峰が、主稜に異彩を放って立ち並んでいる。

●三ノ沢岳　●檜尾岳　●木曽駒ガ岳
●南駒ガ岳　●越百山
●経ガ岳　●風越山　●宝剣岳
●恵那山　●空木岳

木曽駒・宝剣・空木 広域図

岐阜県

下呂市
東白川村
恵那市
中津川市

木曽町
上松町
大桑村
南木曽町
清内路村
阿智村

奥峰 ▲1711
若栃山 ▲1593
継子岳 ▲2859
御嶽山 剣ガ峰 ▲3067
三笠山
寺田小屋山 ▲1505
湯ヶ峰 ▲1067
白草山 ▲1641
鞍掛峠
三国山 ▲1611
小秀山 ▲1982
前山 ▲1815
唐塩山 ▲1609
高時山 ▲1563
真弓峠
高樽山 ▲1673
西股山 ▲1717
卒塔婆山 ▲1541
台ガ峰 ▲1502
風越山 ▲1699
夕森山 ▲1597
井出ノ小路山
阿寺山 ▲1558
大鈴山 ▲1386
赤沢自然休養林
尾城山 ▲1133
付知峡
砂小屋山 ▲1471
糸瀬山 ▲1867
雨乞棚山 ▲1391
奥三界岳 ▲1811
三界山 ▲1600
フォレスパ木曽
新巣山 ▲973
付知温泉
柿其温泉
じゅうにかね
寒陽気山 ▲1108
高時山 ▲1086
伊勢山 ▲1373
南木曽岳 ▲1677
摺古木山 ▲2169
二ツ森山 ▲1223
遠ガ根峠
なぎそ
妻籠宿
南木曽温泉郷
夏焼山 ▲1503
兀岳 ▲1636
大平峠
岩山 ▲932
さかした
飯田峠
笠置山 ▲1128
高峰山 ▲945
馬籠峠
馬籠宿
清内路トンネル
南沢山 ▲1564
横川山 ▲1620
梨子野山 ▲1314
おちあいがわ
夜烏山 ▲1319
園原IC
昼神温泉
なかつがわ
富士見台 ▲1739
神坂峠
みのさかもと
中津川IC
前山 ▲1351
恵那山 ▲2191
網掛山 ▲1133
恵那IC
保古山 ▲969
根ノ上高原
日ノ入山 ▲1072
たけなみ
明智鉄道
三階峰 ▲1464

濁河川
西野川
王滝川
阿寺川
付知川
木曽川
田立ノ滝
中央本線
伊奈川
中津川

鹿ノ瀬温泉
木曽温泉
小坂温泉
御岳高原
王滝村
金沢温泉
桧温泉
御岳湖
あげまつ
くらもと
すはら
おおくわ
のじり
ただち
きそふくしま
駒ノ湯
はらの

MAP ② (P18-19)
MAP ④ (P22-23)
MAP ⑦ (P28-29)

高山へ
名古屋へ
下呂へ
0 15km

長野県南部地図

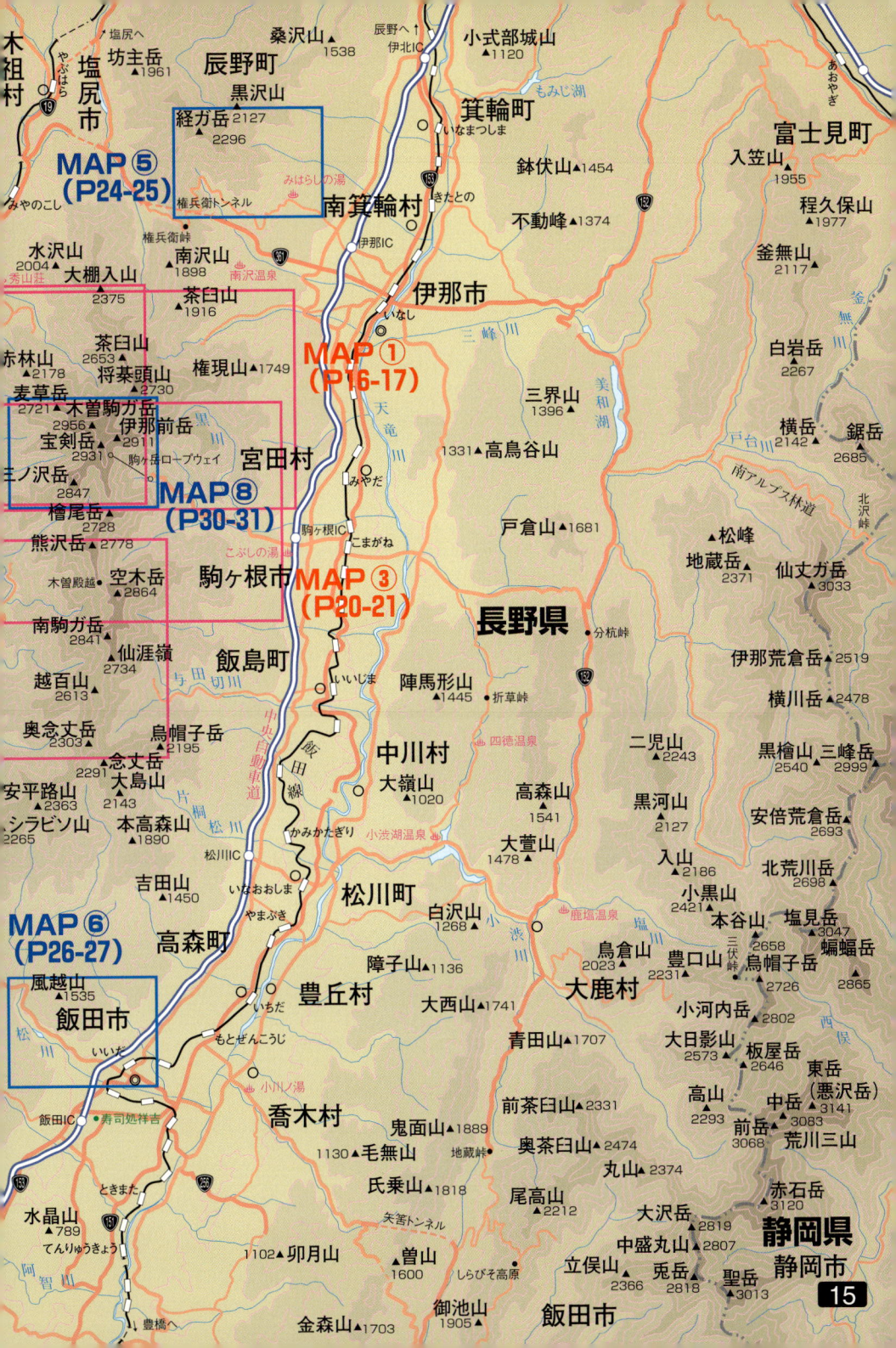

主な市町村
- 木祖村
- 塩尻市
- 辰野町
- 箕輪町
- 富士見町
- 南箕輪村
- 伊那市
- 宮田村
- 駒ヶ根市
- 飯島町
- 中川村
- 松川町
- 高森町
- 豊丘村
- 大鹿村
- 飯田市
- 喬木村

MAP索引
- MAP⑤ (P24-25)
- MAP① (P16-17)
- MAP⑧ (P30-31)
- MAP③ (P20-21)
- MAP⑥ (P26-27)

主な山岳（標高）

北部
- 坊主岳 ▲1961
- 桑沢山 ▲1538
- 小式部城山 ▲1120
- 黒沢山
- 経ヶ岳 ▲2127 / 2296
- 鉢伏山 ▲1454
- 入笠山 ▲1955
- 不動峰 ▲1374
- 程久保山 ▲1977

中央アルプス
- 水沢山 ▲2004
- 大棚入山 ▲2375
- 南沢山 ▲1898
- 茶臼山 ▲1916
- 権現山 ▲1749
- 赤林山 ▲2178
- 茶臼山 ▲2653
- 将棊頭山 ▲2730
- 麦草岳 ▲2721
- 木曽駒ヶ岳 ▲2956
- 伊那前岳 ▲2911
- 宝剣岳 ▲2931
- 三ノ沢岳 ▲2847
- 檜尾岳 ▲2728
- 熊沢岳 ▲2778
- 空木岳 ▲2864
- 南駒ヶ岳 ▲2841
- 仙涯嶺 ▲2734
- 越百山 ▲2613
- 奥念丈岳 ▲2303
- 烏帽子岳 ▲2195
- 念丈岳 ▲2291
- 大島山 ▲2143
- 安平路山 ▲2363
- シラビソ山 ▲2265
- 本高森山 ▲1890
- 吉田山 ▲1450
- 風越山 ▲1535

南アルプス
- 釜無山 ▲2117
- 白岩岳 ▲2267
- 横岳 ▲2142
- 鋸岳 ▲2685
- 三界山 ▲1396
- 高鳥谷山 ▲1331
- 戸倉山 ▲1681
- 松峰 / 地蔵岳 ▲2371
- 仙丈ヶ岳 ▲3033
- 陣馬形山 ▲1445
- 伊那荒倉岳 ▲2519
- 横川岳 ▲2478
- 二児山 ▲2243
- 黒檜山 ▲2540
- 三峰岳 ▲2999
- 大嶺山 ▲1020
- 高森山 ▲1541
- 黒河山 ▲2127
- 安倍荒倉岳 ▲2693
- 大萱山 ▲1478
- 入山 ▲2186
- 小黒山 ▲2421
- 北荒川岳 ▲2698
- 白沢山 ▲1268
- 鳥倉山 ▲2023
- 本谷山 ▲2658
- 塩見岳 ▲3047
- 蝙蝠岳 ▲2865
- 障子山 ▲1136
- 豊口山 ▲2231
- 烏帽子岳 ▲2726
- 大西山 ▲1741
- 小河内岳 ▲2802
- 青田山 ▲1707
- 大日影山 ▲2573
- 板屋岳 ▲2646
- 東岳（悪沢岳）▲3141
- 鬼面山 ▲1889
- 前茶臼山 ▲2331
- 高山 ▲2293
- 中岳 ▲3083
- 前岳 ▲3068
- 荒川三山
- 毛無山 ▲1130
- 奥茶臼山 ▲2474
- 丸山 ▲2374
- 赤石岳 ▲3120
- 氏乗山 ▲1818
- 尾高山 ▲2212
- 大沢岳 ▲2819
- 中盛丸山 ▲2807
- 水晶山 ▲789
- 卯月山 ▲1102
- 曽山 ▲1600
- 御池山 ▲1905
- 立俣山 ▲2366
- 兎岳 ▲2818
- 聖岳 ▲3013
- 金森山 ▲1703

隣接県
- 静岡県（静岡市）

MAP①
大棚入山
2375
白川へ
渡沢
水産試験場
駒石荘
木曽駒高原スキー場
1711
⑤P56-58
木曽町
塩尻市
福島Aコース
林道終点
四合目・力水
赤林山
2178
五合目
七合目避難小屋
六合目
福島Bコース
上松Bコース
茶臼山
2653
行者岩
津島神社
六合目
大樽小屋
胸突八丁ノ頭
分水嶺
天命水
③P46-50
将棊乃頭
将棊頭山
伊那市西駒山荘
2730
聖職ノ碑・遭難碑
濃ガ池分岐
駒石
2721
山姥
八合目
麦草岳
2733
上松町
玉ノ窪山荘
九合目
木曽駒ヶ岳
2956
牙岩
馬ノ背
石清水
七合目
木曽前岳
2826
頂上山荘
頂上木曽小屋
大ナギ
すずり岩
中岳
伊那前岳
2883
小屋場跡
六合目
七合目
舟窪
④P52-55
上松Aコース
天ノ岩戸
七合目
八合目
遠見場の小屋跡
天狗荘
宝剣山荘
乗越浄土
宝剣岳
2931
九合目
勒銘石
八合目
①P36-41
三ノ沢分岐
駒ヶ岳神社
ホテル千畳敷
2074
六合目
見晴台
極楽平
2676
島田娘
せんじょうじき
駒ヶ岳ロープウェイ
しらびだいら
②P42-44
最低鞍部
ケルン
三ノ沢岳
2847
大桑村
駒ヶ根市
⑥P60-64
濁沢大峰
2724
MAP②（P18-19）
MAP③（P20-21）
0
1000m
2000m
4km
6km
10km
8km
6km
4km
2000m
1000m

伊那市
茶臼山
1916
鳩吹山
1320
内ノ萱
荒井
横山
伊那西小
ゴルフ場
ますみヶ丘
931
845
ますみヶ丘
船渡
ネズミ平
天狗
小出二区
小屋敷
伊那　西町
小屋敷
小出二区
小黒発電所
ベンチのある水場。
休憩にちょうどよい
0.30
0.20
馬返し
ちりめん坂
野田場
1.30
ブドウの泉
0.50
桂小場
信大演習林道
小黒山
1564
雑木の坂道をジグザグに登る
桂の巨木と「桂小場」の看板、
信州大学演習林合宿を見送り、
100mほど進むと登山口
1175
伊那スキーリゾート
権現山
1749
八丁立
勇次郎峠ノ頭
2468
権現づるね
五合目
伊那市
958
黒川山
2244
宮田村
0.50
0.30
0.50
五合目
ウドンヤ峠
清水平
最後の水場
急斜面
1.00
0.40
鳥帽子山
2123
蛇腹沢登山口
北御所林道
1.20
P51
1.00
北御所登山口
ゲートあり
1547
物見や城
1122
オツ越
宮田高原
宮田高原キャンプ場
大平山
1771
1551
997
8km
10km
12km
14km

MAP③（P20-21）

木曽町
上松町
木曽駒高原
宇山ゴルフ場
養護学校
伊谷
991
川上
駒の湯
正沢
きそふくしま
丘の上
永田
万郡
越畑
塩渕
見野
西光寺
川西
御影堂
田沢
中平
社木
鳥居
19
川合
木曽ダム
神戸
1274
1452
板敷野
吉掛
桟温泉
万路
添脇
新茶屋
池島
中央本線
上松
愛宕山
910
小脇
笹沢
木賊
旭町
田中
荒田
901
高山
射撃場
馬留
芦島中目キャンプ場
芦島
大木
大奈良
樽沢
1265
荻野ノ原
徳原
神田
瀬木
本町
仲町
あげまつ
観音
久保寺
近所
野口
正島
北野
宮前
見帰
駒ヶ岳神社里宮
石神群
丸木橋を渡る
1099
山ノ湯
アルプス山荘
敬神キャンプ場
二合目登山口
0:30
敬神山荘
ノ滝
三合目
1:25
野尻
大沢
小田野
職業訓練校
小路方
木曽路美術館
寝覚
上松原
寝覚の床
小川
床
裏寝覚
下松原
袖ノ久保
吉野
木曽古道
前野
加瀬木山
1113
風越山
1699
小野原
黒田
荻原
小野
N
10km
8km
6km
4km
2000m
1000m
0
1000m
2000m
4km
6km

MAP②
大棚入山
2375
MAP①(P16-17)
塩尻市
木曽町
大原
水産試験場
木曽駒冷水
駒石荘
木曽見台
1560
三合目
1711
木曽駒高原スキー場
茶臼山
2653
津島神社
行者岩
2658
胸突八丁ノ頭
分水嶺
2646
将棊頭山
2730
伊那市西駒山荘
聖職ノ碑・遭難碑
③P46-50
濃ガ池分岐
2661
四合目・力水
林道終点
赤林山
2178
四合目
五合目
2150
2106
2386
⑤P56-58
七合目避難小屋
2406
六合目
五合目
駒石
2721
麦草岳
2733
山姥八合目
木曽前岳
玉ノ窪山荘
頂上木曽小屋
駒ガ岳
2956
頂上山荘
中岳
2925
2779
七合目
石清水
P51
七合目
舟窪
伊那前岳
2883
八合目
九合目
勒銘石
乗越浄土
宝剣岳
2931
天狗荘
宝剣山荘
①P36-41
2676
牙岩
2826
2756
九合目
大ナギ
すずり岩
八合目
遠見場の小屋跡
上松町
七合目
天ノ岩戸
見晴岩
2074
六合目
金懸小屋
1721
四合目
五合目
金懸岩
④P52-55
三ノ沢分岐
駒ヶ岳神社
ホテル千畳敷
極楽平
2676
島田娘
2858
最低鞍部
②P42-44
ケルン
三ノ沢岳
2847
⑥P60-64
2711
宮田村
駒ヶ根市
大桑村
濁沢大峰
2724
MAP③(P20-21)
8km
10km
12km
14km

MAP ② (P18-19)
麦草岳
2733
駒石
2721
八合目
木曽前岳
2826
牙岩
2676
玉ノ窪山荘
頂上木曽小屋
木曽駒ケ岳
2956
頂上山荘
濃ガ池分岐
2779
馬の背
岩清水
中岳
2925
伊那前岳
2911
2883
九合目
すずり岩
大ナギ
2756
天狗荘
宝剣山荘
乗越浄土
2931
宝剣岳
八合目
遠見場の小屋跡
七合目
天ノ岩戸
見晴台
六合目
2074
上松Aコース
金懸小屋
五合目
金懸岩
敬神ノ滝山荘
1721
四合目
三合目
❶P36-41
❹P52-55
三ノ沢分岐
駒ケ岳神社
極楽平
2676
島田娘
2858
最低鞍部
❷P42-44
ケルン
三ノ沢岳
2847
上松町
2711
濁沢大峰
2724
2536
2339
檜尾岳
2728
小檜ノ頭
檜尾避難小屋
2708
❻P60-64
2680
池ノ平カール
熊沢岳
2778
大桑村
2249
2703
アオナギ
中八丁
❼P65-69
東川岳
2671
木曽殿山荘
義仲の力水
木曽殿越
2782
空木岳
2864
駒峰ヒュッテ
仙人ノ泉
2273
2389
八合目
七合目
六合目
東明ノ泉
八丁ノゾキ
1652
東金尾根
五合目
金沢土場
伊奈川本谷避難小屋
ウサギ平
伊奈川林道
MAP ④ (P22-23)
10km
8km
6km
4km
2000m
1000m
0
1000m
2000m
4km
6km

MAP①（P16-17）
六合目 立ち枯れの木が目立つ
ハイマツ帯 岩塊の道が続く
五合目 ウドンヤ峠
六合目 小屋場
七合目
1939
2208
黒川山
2244
宮田村
清水平
最後の水場
長谷部新道
岩の展望台
1888
P51
蛇腹沢登山口
北御所林道
北御所登山口
烏帽子山
2123
オッ越
1547
宮田高原
宮田高原キャンプ場
大平山
1771
1551
しらびだいら
2455m地点
檜尾根
1992
赤沢ノ頭
展望台地
檜尾橋
宮田村
菅ノ台キャンプ場
駒ヶ根橋
こまくさの湯
新大田切発電所
タカウチ場
新池山小屋
池山
1774
三木木地蔵
林道終点
菅ノ台
国民宿舎すずらん荘
駒ヶ根YH
駒ヶ池
旧竹村家住宅
光前寺庭園
光前寺
駒ヶ根高原美術館
駒ヶ根高原家族旅行村アルプスの丘
1315
池山自然遊歩道を下る
地蔵さまと道標が立つ
6 P60-64
大地獄
2080
2282
マセナギの頭
ヨナ沢ノ頭
小地獄
迷い尾根
分岐
2415
2528
空木岳避難小屋
空木平
駒ヶ根市
簫ノ笛山
1761
927
8km
10km
12km
14km

MAP④
荻原小
諸原
荻原
くらもと
上松町
鳥捕山
1271
0.50
1.40
二合目笛掛
イザルボテ
1.10
2.00
アオナギのガレ場クサリがある
アオナギ
中八丁
1.10
馬ノ背
タクシーはここまで利用できる
樹林に囲まれた峠
登玉
池の尻
伊奈川本谷避難小屋
1171
987
1805
大桑村歴史民俗資料館
村民体育館
中山道
上郷
823
のろし岩
1867
糸瀬山
青ナギ
774
伊奈川林道
倭和村橋
満寿田橋
鹿島神社
須原
すはら
しょうぶ平
胸突八丁
まむし坂
山居ノ鳥屋
丸屋ノ鳥屋
1220
1408
横山
今朝沢橋
1091
定勝寺
糸瀬山登山口
伊奈川ダム
林道ゲート
0.50
今朝沢林道
越坂
708
東外向
下条
田光
800
長野
大野
伊奈川神社
大平
大桑村
1200
高山
1243
長野
笹山
0
1000m
2000m
4km
6km
10km
8km
6km
4km
2000m
1000m

MAP ③ (P20-21)

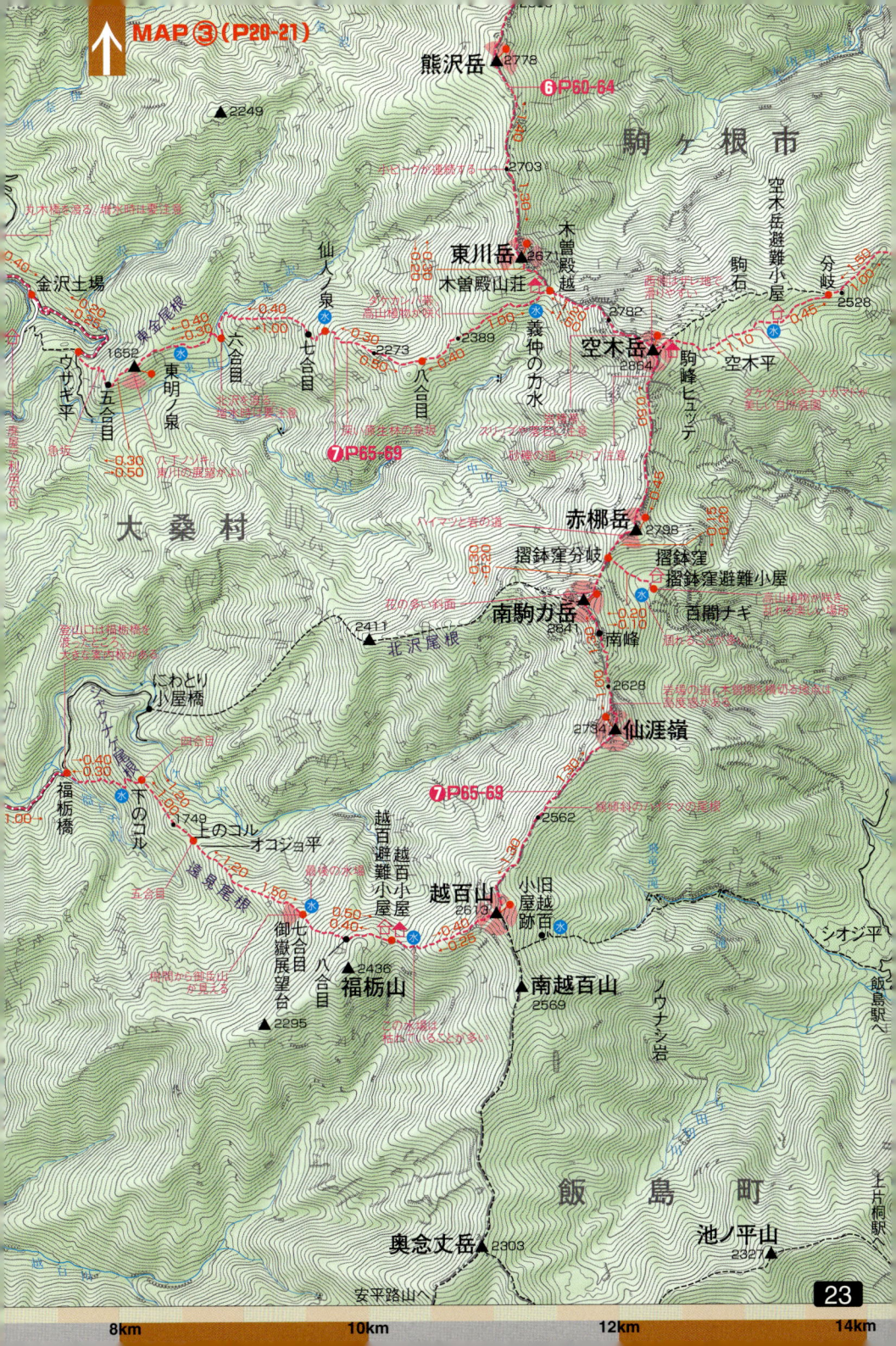

MAP ⑤

黒沢山へ

辰野町

黒沢山への道は不明瞭なところが多い

塩尻市

経ガ岳 ▲2296
ツガの林に囲まれ展望はよくない4体の石仏がある

0.20

大泉山 ▲2252

0.20

九合目

明るい尾根道

0.30

露岩の頭 ▲2192

0.20

▲2043

0.40

八合目
急坂

0.40

四等三角点と石仏が置かれている

•2035

❽P72-74

0.30

南箕輪村飛地

七合目 ▲1915

0.30

北沢山 ▲1969

南箕輪村飛地

南箕輪村

▲1884

▲1807

権兵衛峠トンネル

国道19号線

権兵衛街道

24

箕輪町

南箕輪村

六合目 ▲1687
カラマツ林にシラカバが
混じるようになる
0.20
0.30
六合目からは横岳越しに
南アルプスが見えてくる
0.20
五合目 1459
右に大泉ダムへの道が分かれる
0.40
0.30
四合目
1.00
羽広自然探勝園の巡回路で
よく整備されている

大泉ダム
大泉川

▲1557
▲1370
▲1164.1

北割

山間をぬける
杉木立の参道を行く
大門
0.40
見晴台
仲仙寺 ㊇ P
1.10
伊那市駅〜羽広間のバスは
便数が少ないので
タクシーで￥まで
入った方がよい

田代
羽広 ⊕
大沢

▲1520

伊那市

経ヶ岳自然植物園

古屋敷
みはらしファーム

西箕輪 西箕輪小
西箕輪中

▲980

殿屋敷 梨ノ木

上溝
伊那市駅

4km　　5km　　6km　　7km

MAP ⑥

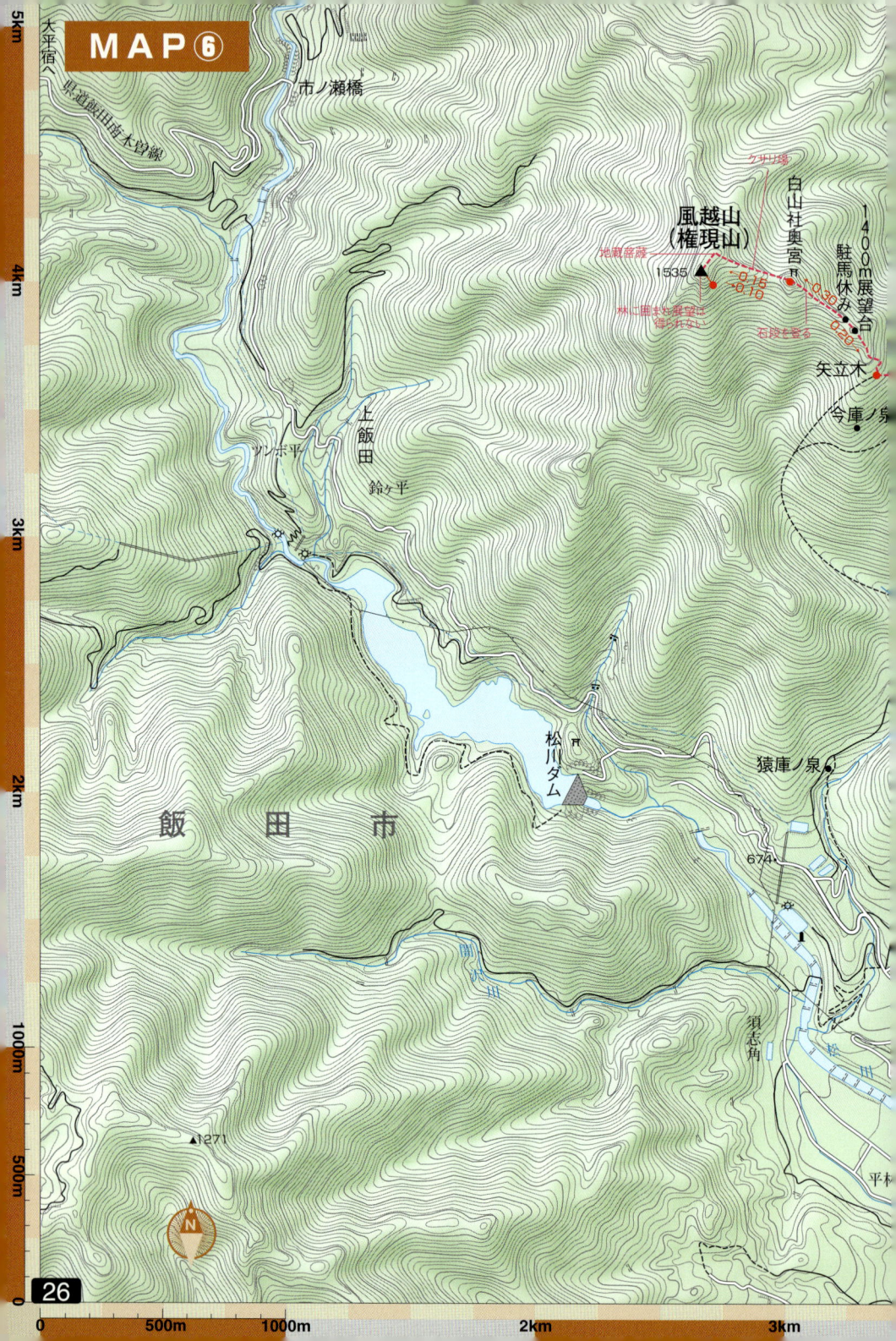

- 市ノ瀬橋
- 大平宿へ
- 県道飯田南木曽線
- 風越山（権現山）1535
- クサリ場
- 白山社奥宮
- 1400m展望台
- 駐馬休み
- 池蔵岳麓
- 林ニ囲まれ展望は得られない
- 石段を登る
- 矢立木
- 今庫ノ泉
- サンボ平
- 上飯田
- 鈴ヶ平
- 松川ダム
- 猿庫ノ泉
- 674
- 須志角
- 飯田市
- ▲1271
- 平木

26

地図は飯田市周辺、虚空蔵山（1130m）を中心とした登山ルート図。

⑨ P75-77

飯田市

花草原
太田
延命水
虚空蔵山 1130
秋葉大権現
蚕種石
苦竹
日向馬留
石燈籠
お滝坊
▲821
飯田ヘルスセンター
桜ヶ丘団地
登山口
滝の沢
白山社里宮
▲564
丸山町四丁目
丸山町三丁目
押洞
今宮町四丁目
郊戸神社
▲667
▲739
棚田
▲671
上黒田
松川IC
柏原
▲597
野底
宮ノ上
▲548
大宮神社
東野
諏訪社
宮の前
さくらまち
高羽町六丁目
高羽町
錦町一丁目
松尾町
馬場町
飯田
吾妻町
JR飯田線
養瀬町一丁目
愛宕町
旭町
▲509.9
白山通り二丁目
松川町
飯田ICへ
樋の沢
羽場上河原
羽場赤坂
▲554
羽場
馬場権現
羽場町一丁目
羽場町三丁目
羽場町四丁目
曙町
今宮二丁目
白山町三丁目東
砂払町商店街の道
砂払町二丁目
正永町一丁目
▲584
正永町二丁目
大休

▲875.3

ハコヤナギの群生地
秋の紅葉はとりわけみごと

左右に道が分かれる
右は尾根伝いの道

観音像が立つ
よく整備された道

4km　5km　6km　7km
27

MAP ⑦

- ▲1305
- 中津川へ
- 強清水
- ウバナギ
- 大判山 ▲1696
- 10 P78-80
- 中津川市
- 北側にカラマツがぽつぽつと続く 途中にシャクナゲの群生地がある
- 天狗ナギ
- ▲1802
- 荒廃していたルートが、地元・中津川山岳会を中心とした有志により、平成19年に整備され、通れるようになっている 登山口の中津川市川上（かわうえ）から、登り6～7時間 下り4～5時間
- 1972
- 急坂
- 2:00
- 一ノ宮
- 分岐
- 0:15
- 最新設備の水洗トイレ 大切に扱いたい
- 阿智村
- 2182
- 2191
- 0:15
- WC
- 恵那山頂避難小屋
- 0:10
- 伝説の頭ルート（新・黒井沢登山道）
- P80
- 1:20
- 恵那山 ▲2190
- 恵那山神社本宮
- 1:50
- 2071
- 黒井沢登山口へ
- 山頂から一ノ宮、二ノ宮と続き 恵那山神社本宮から七ノ宮

28

萬岳荘
中津川IC へ
一本立
池ノ平
恵那山トンネル
林道大谷霧ガ原線
神坂峠遺跡
1569
神坂峠
鳥越峠
0:35
0:50
0:40
0:40
飯田IC へ
1141
秋期に限りシャトルバスが運行される
1689
1471
神坂神社
古道東山道
朝日松
0:40
富士見展望台
1622
1174
広河原登山口
徒渉点
0:05
マウンテンロッジ
富士見台高原ロープウェイ
ヘブンスそのはらスキーパーク
展望台リフト
センターハウス
0:12
0:08
1:00
1:40
稜線
1444
1174
峰越林道
阿智村
戸沢
県道富士見台公園線
1210
4km
5km
6km
7km

七合目避難小屋
高山植物帯の緩やかな道
福島Bコース
梯道やハシゴが現れる
大岩の重なった異様な雰囲気の場所
木曽町
福島Aコース
駒石
山姥
八合目
2721
麦草岳
2733
⑤P56-58
岩場難の一角から濃ガ池が美しい
濃ガ池
カール地形の道、高山植物が多い
馬ノ背
牙岩
玉ノ窪山荘
烏帽子岩
頂上木曽小屋
木曽駒ガ岳
2956
木曽前岳
2826
九合目
すずり岩
大ナギ
頂上山荘
中岳
2925
駒飼ノ池
④P52-55
上松Bコース
八合目
遠見場の小屋跡
天ノ岩戸
七合目
平坦で広い斜面、高山植物が多い
大きなケルンがある
コマクサ園
天狗荘
宝剣山荘
和合山
2911
乗越浄土
オットセイ岩
天狗岩
宝剣岳
2931
八丁坂
①P36-41
④P52-55
⑥P60-64
③P46-50
⑤P56-58
P51
三ノ沢分岐
駒ヶ岳神社
剣ガ池
ホテル千畳敷
サギダルの頭
大きなケルンがある
極楽平
鞍部、南側斜面はみごとなお花畑
稜線上はお花畑
2676
島田娘
2858
上松町
最低鞍部
ケルンの立つ広場、展望がよい
ケルン
②P42-44
広いハイマツの稜線
大桑村
三ノ沢岳
2847
⑥P60-64
2711
巨岩の積み重なった山頂、展望は360度すばらしい
岩が折り重なった山頂
濁沢大峰
2724
クサリ場
ザレ場
お花畑
0
500m
1000m
2km
3km

MAP ⑧

聖職ノ碑・遭難碑
2730
広い砂礫の尾根
0.40
農ヶ也分岐
馬ノ背とよばれる
ヤセ尾根となる
③ P46-50
石清水
七合目
黒川山
2244
360度の展望がすばらしい
岩の間を行く
ダケカンバの林床に
高山の花が咲く
小屋場
六合目
0.50
五合目
ウドンヤ峠
急斜面
0.50/0.30
伊那前岳
2883
七合目
舟窪目
P51
0.40
1.20
0.40
1ヶ池
1.20
枯れかよい場所
立ち枯れの
木が目立つ
清水平
最後の水場
1.00
1.20
八合目
P51
勒銘石
九合目
長谷部新道
0.40
宮田村
中御所道
蛇腹沢
駒ヶ岳ロープウェイ
蛇腹沢登山口
北御所林道
1.20
しらびだいら
北御所登山口
1.00
駒ヶ根市
ゲート
31

4km　　　5km　　　6km　　　7km

中央アルプスの
お花畑散策&花カタログ
FLOWER TREKKIG & FLOWER CATALOGUE

　高山帯を有する主峰の木曽駒ガ岳、宝剣岳、檜尾岳、熊沢岳、空木岳、南駒ガ岳の主脈名峰の中から、高茎草原のみごとなお花畑が広がる千畳敷カールと濃ガ池カール、中央アルプスの固有種が群落する木曽駒ガ岳、そして檜尾岳に的を絞って紹介してみよう。

千畳敷カール
Course ①②③④⑤⑥　MAP 8 P30-31

　千畳敷カールは、氷河時代の末期、氷河が山腹を削り取って出現した典型的な圏谷地形である。そのため、圏谷をとり巻く壁といえる宝剣岳や伊那前岳から流れ出る雪解け水や降雨が地下に浸透し、豊かな地下水を湛えている。この豊富な地下水が多種多様な大型の花を育み、カールの随所に、コバイケイソウ、ハクサンイチゲ、シナノキンバイ、モミジカラマツ、ミヤマクロユリなどの大群落を出現させている。コバイケイソウはその筆頭で、咲く年は千畳敷が白く染まる。

コバイケイソウ　数年に一度の周期でカール内にみごとな群落をつくる。開花の年は実に壮観。径8mmほどの梅に似た花を、多数、円錐状につける大型花。根と茎には毒素がある。

シナノキンバイ カール内に毎年、大群落をつくる。中央アルプスを代表する花のひとつ。萼片は橙黄色の広倒卵形で5～7個、花びらのように見える。

シナノオトギリ 信州に多く生息するオトギリソウということからこの名がついた。小さな黄色の花で、葉に特徴があり、対生する。遊歩道の付近に多い。

モミジカラマツ 花はカラマツソウと同じだが、葉が異なる。掌状に裂け、形はモミジに似る。花がカラマツの葉に似ることからこの名がついた。

ミヤマクロユリ カール地形に多く見られ、悪臭がある。母種のクロユリの高山型。葉は茎の上に3～5枚輪生し、2～3段つく。花に黄色の細かい斑点がある。

木曽駒ガ岳

Course ①③④⑤　MAP 8 P30-31

山頂一帯は風衝地帯で、ハイマツでさえ生息できない環境のため、選ばれた高山植物のみが子孫を残している。たとえばこの山域の固有種、コマウスユキソウがそれで、花崗岩の蔭に身を低くして、ひっそりとお花畑をつくっている。オヤマノエンドウ、アオノツガザクラ、チングルマが、ハイマツを避けるように分布し、お互いの領域を守っている。その中にミヤマキンバイやトウヤクリンドウといっしょにコマウスユキソウも点在する。絶妙なバランスで厳しい大地に根を下ろし、生きている。その姿は実に美しい。

コマウスユキソウ 学名はヒメウスユキソウ。日本におけるウスユキソウの仲間では最小。木曽駒ガ岳の特産種。からだ全体に白い綿毛をまとい、大気中の水分をそれで受け止め補水する。風や乾燥が極度に激しい稜線に生きのびる知恵を身につけたのだろう。白い花に見えるのは、星形に開く苞葉である。背は4～10cmと小さい。

コマクサ 高山植物の女王とよばれるピンク色の可憐な花。花姿が馬の顔に似る。中央アルプスでは頂上木曽小屋と、西駒山荘にお花畑がある。

ウメバチソウ ウメバチソウの高山型。梅の花によく似た、梅鉢の紋に見立てた名に白く、形が整った清楚な花を1個つける。葉も1枚だけつく。

チシマギキョウ 中央アルプスの高山帯に数多く見られる花。開花は比較的遅く、夏の終わりに咲くので、写真に撮りやすく、大きめの花なので、よく目立つ。

ミヤマダイコンソウ 稜線付近では比較的大型の花。鮮やかな黄色の5弁花を数個つけ、葉が大きく特徴的なのですぐにそれとわかる。秋、みごとに紅葉する。

濃ガ池カール　　Course 3　MAP 8　P30-31

木曽駒ガ岳の東側直下に位置する圏谷。千畳敷カール同様の地形だが、中央アルプスでは唯一、氷河湖の濃ガ池が残存する。近年、馬ノ背からの土砂流入によって、かなり池は狭められた。このままでは消えてしまうのではないかと心配されている。高山植物の草原は濃ガ池の南方に開けていて、一般的には濃ガ池カールとよばれている。モレーンの下方に黒川源流部の清流が飛沫を飛ばし、その周辺にはミヤマキンポウゲがいち早く群落を見せる。ヨツバシオガマ、キバナノコマノツメ、サラシナショウマなども多い。

ヨツバシオガマ 大型の花で目立つ。葉はふつう4枚、羽状に全裂する。茎の先に4個、輪生花を数段つける。

オヤマリンドウ 日本固有の多年草。夏の終わりに咲く、草丈は高く目立つ。花冠は条件がよくても、開花時に完全に開くことはない。

キバナノコマノツメ 池の回りや近縁で見られる。1cmの花が1個つく。唇弁は大きい。葉は心形で縁に波状の鋸歯がつく。

ウサギギク 和名は対生する葉をウサギの耳に見立てた。日当たりのよい場所に群落をつくる。開花は遅い。

サラシナショウマ 茎の先に茎に沿って、房状に秩序よく、柄のある白く小さな花を密生させる。夏の終りに咲く。

カラマツソウ ミヤマカラマツよりも大きく、花糸がより密生するので見分けがつく。モミジカラマツとは葉が違う。

檜尾岳
Course⑥ MAP3 P20-21

中央アルプス高山帯の名峰の中で、主稜付近にお花畑が広がる山といえば限られてくる。豊かな花を咲かせる条件といえる、標高が森林限界に近い山頂となれば檜尾岳が筆頭。越百山も標高は満たされるが、強風地帯なのでお花畑はあまり発達しない。ここでは檜尾岳を推薦しよう。山頂の東側直下（石室があったあたり）にみごとな高茎草原のお花畑がある。遅くまで残雪がある場所なので、雪が解けると花たちはいっせいに開花を急ぐ。ハクサンイチゲ、コバイケイソウ、シナノキンバイ、ヒメシャジン、ミヤマトリカブトなど、大型の花が目立つ。

ミネウスユキソウ お花畑の上部、山頂下部にイワベンケイソウなどと混生する。コマウスユキソウよりも大きい。

エゾシオガマ 日本固有の多年草。お花畑が広がる草地にふつうに見られる花。葉は対生し、三角状披針形。

ハクサンフウロ 花は紅紫色の直径約3cm。花弁の基部に軟毛があり、霧や雨に濡れると水滴をまとって優美。萼片は全縁。

タカネナデシコ 高山帯の主稜では、檜尾岳北稜鞍部でしか見られない。花が大きく濃紅色なのでよく目立つ。

ヒメシャジン 岩礫地やお花畑にみごとな株で群生する花。檜尾岳でも岩間に生える花。萼片は線形で開出。日本固有。

ミヤマトリカブト 中央アルプスでは数多く見られる代表花。青紫色の花が散房状か総状、あるいは円錐状に開く。

中央アルプス ◆ 木曽駒ガ岳

MAP 1 P16-17　MAP 8 P30-31

千畳敷 ▶ 木曽駒ガ岳 ▶ 宝剣岳

● 自然豊かな千畳敷から入山し、最短で中央アルプスの主峰と、岩の殿堂に登頂。

ルート図：千畳敷～乗越浄土～宝剣山荘～宝剣岳／中岳～木曽駒ガ岳

日帰り

- 技術度
- 体力度
- 危険度

レーダーチャート：日程／距離／累積標高差／コース状況／危険度

日帰り＝千畳敷～乗越浄土～木曽駒ガ岳～宝剣岳～乗越浄土～～千畳敷

● 歩行距離	● 標高差	● 2万5000図
4.5km	標高差＝316m（千畳敷～木曽駒ガ岳）累積標高差＋495m −495m	木曽駒ヶ岳

登山適期カレンダー：4月・5月 残雪期／春山、6月・7月 高山植物／夏山、8月・9月 秋山、10月 紅葉、11月 冬山／積雪期

COURSE・PLAN

最盛期はロープウェイの乗車に待ち時間が生じる。朝一番に乗車するか、稜線上の山小屋に1泊すると余裕がでる。P42の②コースを参照して三ノ沢岳に登ったり、P46の③コースを参照して濃ガ池を訪ねたりと、さまざまなバリエーションが組めるのが千畳敷を起点にする登山の醍醐味である。さらに健脚者は、主稜を越百山へと高山帯全山を走破するのもいいだろう。なお、初心者は宝剣岳の南稜に入らないようにしよう。岩場の登下降が連続し、夏でも滑落する事故が起きている。

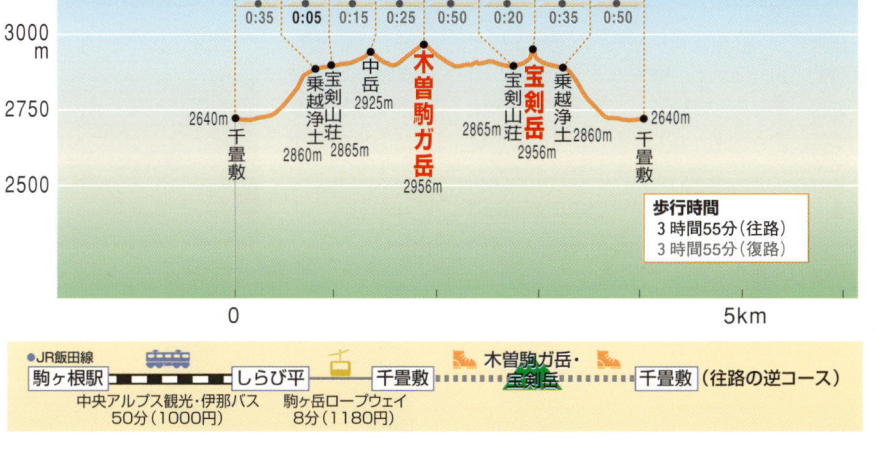

高山植物の宝庫、千畳敷のシナノキンバイ
咲くお花畑と、背後には宝剣岳が峻立

コースタイム

区間	時間
千畳敷(2640m) → 乗越浄土(2860m)	0:50 / 0:35
乗越浄土 → 宝剣山荘(2865m)	0:05 / 0:05
宝剣山荘 → 中岳(2925m)	0:20 / 0:15
中岳 → 木曽駒ヶ岳(2956m)	0:30 / 0:25
木曽駒ヶ岳 → 中岳	0:40 / 0:50
中岳 → 宝剣山荘(2865m)	0:30 / 0:20
宝剣山荘 → 宝剣岳(2956m)	0:25 / 0:35
宝剣岳 → 乗越浄土(2860m)	0:35 / 0:50
乗越浄土 → 千畳敷(2640m)	

歩行時間
3時間55分(往路)
3時間55分(復路)

アクセス

●JR飯田線 駒ヶ根駅 → 中央アルプス観光・伊那バス 50分(1000円) → しらび平 → 駒ヶ岳ロープウェイ 8分(1180円) → 千畳敷 → 木曽駒ヶ岳・宝剣岳 → 千畳敷(往路の逆コース)

37

1 千畳敷～木曽駒ガ岳～宝剣岳

日帰り MAP❶ P16-17　❽ P30-31

千畳敷から木曽駒ガ岳・宝剣岳へ

　千畳敷への起点駅はＪＲ飯田線駒ヶ根駅。駅前から登山バスに乗り、しらび平駅でロープウェイに乗り換える。マイカーでは、中央自動車道駒ヶ根ICを出て、駒ヶ根高原で同バスに乗る。

　千畳敷駅にはホテル千畳敷が隣接し、そのホテルから外に出る。出入口は２カ所あり、東側は千畳敷カールを周遊する遊歩道への下り口、西側は眼前に神社が建つ分岐点だ。左に極楽平方面への道を分け、右に進んで乗越浄土を目指す。カールへいったん下り、宝剣岳の東側直下を八丁坂へとトラバースする。平坦な道だが、左右にお花畑が広がっている。

　以前、ここで出会った観光客に問われたことがあった。
「お花畑はどこにありますか？」
　私は驚いて返す言葉がなかったが
「このあたり、みんなそうですよ！」
と、答えた。その女性は、真顔で私を見つめ、信じられない顔をした。
「ここは、一年の大半が雪に埋もれ、花

上：乗越浄土。案内板が立ち、コースが確認できる。平坦地で休憩によい場所
右：中岳の山頂。巨岩がゴロゴロし、社もある。ここからは木曽駒ガ岳が望める

上：八丁坂の分岐点。ここから乗越浄土までは急登が続く一本道
下：オットセイ岩のあたりからは道幅が狭くなる。落石に要注意

中央アルプスの魅力 ❶ 駒ヶ岳ロープウェイ　Column

　中央アルプスの主峰は女性的な曲線を描く木曽駒ガ岳、それと対峙するように荒々しい宝剣岳が南に座っている。この２座とも山頂の東側に圏谷地形を有し、かけがえのない豊かな自然が広がっている。氷河時代の遺産という太古のロマンが息づき、比類なき高山植物の宝庫。寒冷な気候のため、変形して育つ森林限界の樹木も優美で、紅葉も見逃せない。昭和42年７月、駒ヶ根駅から定期バスが、しらび平からは駒ヶ岳ロープウェイが千畳敷まで運行を開始。平成10年には１年におよぶリニューアル工事を終え、より安全かつ快適な運輸機関として再生。お花畑と紅葉、雪景色など、四季を通じて誰でも気軽に味わえるようになった。

上：61人乗りのゴンドラ。950mの高低差を７分30秒で運行
下：登山基地のホテル千畳敷。売店、食堂、喫茶室完備。自販機も充実

中岳の手前、ケルン付近から見た三ノ沢岳。三角錐の山姿が印象的。左奥に恵那山も見える

の咲く期間が極端に短く、そのために花は小さいんです。高山のお花畑は、菜の花畑や、ひまわり畑とは随分と様相が違うんです」懸命に話したので、やっと納得してくれたのだった。

　八丁坂の指導標が立つところで遊歩道を右から合わせると、急登がはじまり、急な山腹をジグザグに乗越浄土まで登る。オットセイ岩の右側斜面は、お花畑が広がっていて、千畳敷よりも一週間ほど開花が早い。ハクサンイチゲ、シナノキンバイ、ミヤマキンポウゲ、コイワカガミなどの群落がいち早く見られる。その上は、イワベンケイ、ミヤマキンバイ、アオノツガザクラ、チングルマ、コマウスユキソウなどが咲く。目まぐるしく植生が変化するのが、八丁坂の特徴である。

　乗越浄土は、平坦な広場で風も涼やか。休憩するのには最適な場所だ。多くの登山者が休んでいる。ここは左に折れ、宝剣山荘の裏を右に曲がる。ちなみに左は

木曽駒ガ岳西側直下に建つ頂上木曽小屋

交通機関・山小屋問合せ

JR駒ヶ根駅前の登山バス

菅ノ台バスセンター停留所

最終バス停の黒川平

🚌🚌 中央アルプス観光 ☎0265-83-3107、伊那バス☎0265-83-4115、駒ヶ岳ロープウェイ（中央アルプス観光）☎0265-83-3107、赤穂タクシー☎0265-83-5221、丸正タクシー☎0265-82-3101
🏨 ホテル千畳敷0265-83-5201、宝剣山荘・天狗荘・駒ガ岳頂上山荘☎090-5507-6345（期間外☎0265-83-2133）、頂上木曽小屋☎0264-52-3882

アドバイス Q&A

＊1 バスは赤色の中央アルプス観光、青色の伊那バスが運行。
＊2 ロープウェイに待ち時間がある時は整理券を入手しないと乗車できない。

あとで利用する宝剣岳へのコース。天狗(てんぐ)荘を右に、ロープで囲ったコマクサ園を左に見送り、大きなケルンの右側を進む。
＊5

中央アルプスの盟主・木曽駒ガ岳山頂。方位盤が建ち、山頂から見える山々の確認ができる

1 千畳敷～木曽駒ガ岳～宝剣岳

上：宝剣山荘裏手からの山岳展望。左から宝剣岳、天狗岩、三ノ沢岳
右：木曽駒ガ岳の特産種コマウスユキソウ。背丈が低く、群落をつくる

斜度が増し、少し登ると中岳。ここではじめてどっしり構えた木曽駒ガ岳の山容が見え、コースも一望できる。

頂上山荘が建つ鞍部にいったん下り、登り返すと木曽駒ガ岳。中央アルプスの盟主にふさわしい展望が得られる。南北アルプス、八ガ岳、御嶽山、そして宝剣岳の穂先と三ノ沢岳の三角錐が指呼の間にそびえている。展望を楽しんだら宝剣山荘まで引き返す。

奇岩の天狗岩を右前方に見て主稜を直進。天狗岩のすぐ左側からわずかに下っ

宝剣岳山頂は、巨大花崗岩の岩峰の狭い頭。せいぜい1人しか立てない。右手は伊那前岳

アドバイス Q&A

＊3 駒ヶ根高原には菅ノ台バスセンターを中心に5カ所810台の駐車場がある。料金は1日400円。最終駐車場は黒川平。混雑時は、菅ノ台バスセンターから随時臨時便が増発される。

＊4 残雪が遅くまで残る地帯なので、千畳敷では開花がいちばん遅い。いっせいに咲くためにコイワカガミ、ハクサンチドリ、ミヤマクロユリ、コバイケイソウ、シナノキンバイ、ヨツバシオガマなど多様な花がいっしょに見られる。

＊5 このケルンは分岐、右が主稜、左は中岳をパスする巻道、木曽駒ガ岳の手前鞍部で合流する。約10分短縮できる。

Q 宝剣岳に登る注意点は？

A 岩場の登り下りは、ロープを握らないこと。登山道の境界を示すためのロープなので、それを頼ると危険。クサリ場もなるべくクサリを頼らず、腕をのばして岩の出っ張りなどをつかむ。手足4本のうち、たえず三カ所は岩をつかむこと。これが三点支持で、滑落防止になる。宝剣岳は狭い岩峰で、せいぜい10人ほどしか滞在できない。記念写真を撮ったら、次の人に譲り、早々に下山しよう。

て、核心部がはじまる。クサリがかかる岩場を三点支持の原則を守って慎重に登り、木曽側をクサリを頼りに巻き終えると、宝剣岳山頂。千畳敷が東側眼下に俯瞰でき、南アルプス、木曽駒ガ岳、三ノ沢岳、御嶽山、空木岳の展望が実にいい。

宝剣岳からは往路を千畳敷まで戻る。

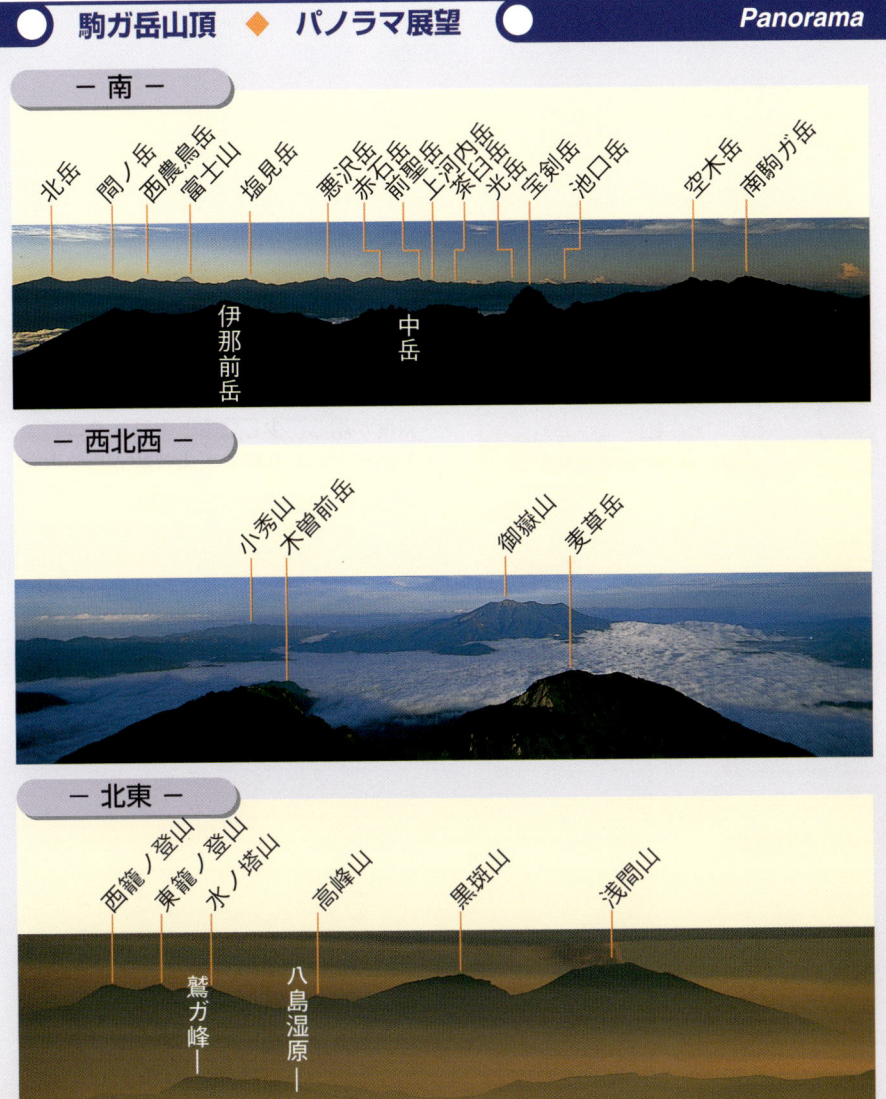

中岳山頂から望む宝剣岳北西壁。急峻な山姿が人気の的

駒ガ岳山頂 ◆ パノラマ展望　　Panorama

－ 南 －

北岳／間ノ岳／西農鳥岳／富士山／塩見岳／悪沢岳／赤石岳／前聖岳／上河内岳／茶臼岳／光岳／宝剣岳／池口岳／空木岳／南駒ガ岳

伊那前岳　中岳

－ 西北西 －

小秀山／木曽前岳／御嶽山／麦草岳

－ 北東 －

西籠ノ登山／東籠ノ登山／水ノ塔山／高峰山／黒斑山／浅間山

鷲ガ峰　八島湿原

41

2 千畳敷 ▶ 三ノ沢岳

中央アルプス ◆ 三ノ沢岳

MAP1 P16-17　MAP8 P30-31

● ハイマツ豊かな緑色に覆われた端正な独立峰。みごとなお花畑も広がっている。

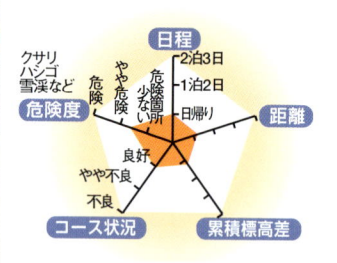

COURSE-PLAN

長丁場なので朝一番のロープウェイに乗車するなど早めの行動が望ましい。コース中に水場はないので、千畳敷で必要量を確保していこう。最低鞍部付近は背丈の高いハイマツが覆っているので、長ズボン、長袖シャツなど入念な服装が必要。

日帰り＝　千畳敷〜極楽平〜三ノ沢分岐〜三ノ沢岳（往復）

- 歩行距離　6.5km
- 標高差　標高差＝207m（千畳敷〜三ノ沢岳）　累積標高差 ＋726m／−726m
- 2万5000図　木曽駒ヶ岳

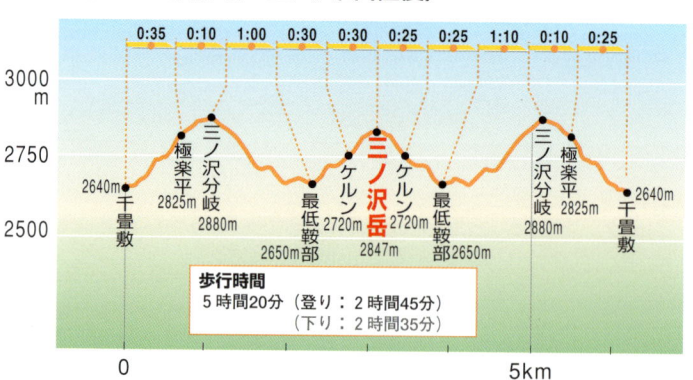

歩行時間　5時間20分（登り：2時間45分）（下り：2時間35分）

千畳敷 2640m — 極楽平 2825m — 三ノ沢分岐 2880m — 最低鞍部 2650m — ケルン 2720m — 三ノ沢岳 2847m — ケルン 2720m — 最低鞍部 2650m — 三ノ沢分岐 2880m — 極楽平 2825m — 千畳敷 2640m

区間時間：0:35／0:10／1:00／0:30／0:30／0:25／1:10／0:10／0:25

右上：三ノ沢岳への起点となるホテル千畳敷前の登山基地
右中：千畳敷から極楽平までは遊歩道に準じた登山道が続く
右下：主稜に立つ三ノ沢分岐の大きなケルン
左：自然豊かな三ノ沢岳の夏は、緑一色に覆われた山容が優美

日帰り　MAP1 P16-17　8 P30-31
千畳敷から三ノ沢岳へ(往復)

　三ノ沢岳は中央アルプス唯一の独立峰。直登するコースはいまのところなく、もっぱら主稜の三ノ沢分岐から往復するしかない。訪れる人が少なく、豊かな自然が残っていて、ほんの少し前までライチョウが住んでいた最後の楽園だ。みごとなハイマツの海原を見れば、それも納得できる。残念ながらライチョウは絶滅し、いまでは鳴き声を聴くこともない。

　ホテル千畳敷の西側出入口を出て、駒ヶ岳神社の前を左に入る。石が散在する道を進み、右に大きくカーブするあたりから遊歩道のようによく整備された道がのびている。平坦路から登りにかかると主稜上の極楽平は近い。

　極楽平からは眼前に三ノ沢岳の山姿を見て、右にコースをとり、三ノ沢分岐まで緩やかに進む。宝剣岳が目前に迫ると大きなケルンが目印の三ノ沢分岐だ。

　ここで主稜を分けて左に入ると、三ノ沢岳までは一本道。広い尾根から大岩を右に見送ると登山道らしくなり、小ピークを巻き、しばらく下ると鞍部に着く。この左下斜面は高茎草原のみごとなお花畑が広がる。登り返し、次の鞍部へと下り、さらに登り返し、最低鞍部まで下降

●JR飯田線　駒ヶ根駅 — 中央アルプス観光・伊那バス 50分(1000円) — しらび平 — 駒ヶ岳ロープウェイ 8分(1180円) — 千畳敷 — 三ノ沢岳 — 千畳敷(往路の逆コース)

2 千畳敷〜三ノ沢岳

三ノ沢岳山頂。木曽駒山群が間近に広がる

する。このあたりは背の高いハイマツに足をとられやすい。

鞍部から登りとなるが、最初から急登がはじまり、足運びが困難な急斜面もある。ダケカンバ帯を回り込み、登り終えると緩やかになる。広大な尾根上にはケルンが立ち、霧が出た時などは目印になってくれる。ケルンからは目前にあるピークに隠れて三ノ沢岳山頂は見えないが、距離はわずかだ。[*3]

大岩が重なり合った山頂からは抜群の展望が得られる。周囲は広いお花畑で、多種多様な花たちが咲き競っている。

山頂で至福のひとときをすごしたら往路を忠実にたどって千畳敷へ下山しよう。

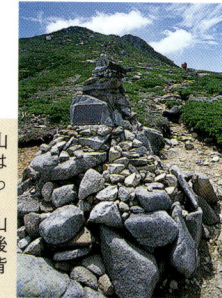

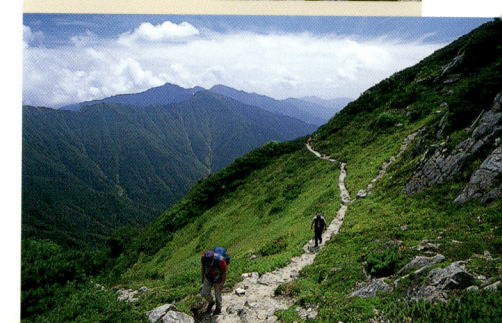

交通機関・山小屋問合せ

中央アルプス観光 ☎0265-83-3107、伊那バス ☎0265-83-4115、駒ヶ岳ロープウェイ（中央アルプス観光）☎0265-83-3107、赤穂タクシー ☎0265-83-5221、丸正タクシー ☎0265-82-3101

ホテル千畳敷 ☎0265-83-5201

アドバイス Q&A

[*1] この手前には登山道の周囲に開けたお花畑が続き、コイワカガミ、ハクサンイチゲ、ミヤマキンバイ、チングルマ、アオノツガザクラ、ミヤマダイコンソウ、チシマギキョウ、ミヤマシオガマ、ウサギギクなどが、主稜上にはオヤマノエンドウ、コマウスユキソウ、イワツメクサ、ヤマハハコ、タカネツメクサ、ミヤマキンバイなどが順次咲く。

[*2] コバイケイソウ、シナノキンバイ、ハクサンイチゲ、ミヤマクロユリ、ハクサンフウロなどが咲き競っている。

[*3] このピークから三ノ沢岳山頂までの登山道脇には、ハクサンチドリ、アオノツガザクラ、コバイケイソウ、ヨツバシオガマ、ミヤマクロユリ、ウサギギクなどが咲く実にみごとなお花畑となっている。

右：三ノ沢岳東側山腹の広大な尾根には目印のケルンが立っている
下：山頂近くの登山道はお花畑の中。後方は熊沢岳、その背後に空木岳

中央アルプスの山小屋物語 ❶

宝剣山荘 支配人 吉川覚さん

カメラの前でチャンスを待つ吉川覚さん

宝剣岳の北側鞍部、天狗岩と宝剣岳を眼前に望むロケーション抜群の地点に宝剣山荘が建っている。中央アルプスきっての伝統ある山小屋で、営業期間は4月下旬～11月下旬と、ホテル千畳敷に次いで長い。隣接する天狗荘、木曽駒ガ岳南方鞍部の頂上山荘も同じ経営で、宮田村の所有。

山小屋の管理人は、代々、救助隊員として活躍するとともに、山案内人や補導員を務めてきた人が少なくない。かつては名クライマーや、優れた岳人に育っていった人もいる。いわば山好きの山男が憧れて管理人になったのだろう。

現在の管理人は吉川覚さん。3つの山小屋を仕切る親分的存在の総支配人である。なかなかの努力家で、一般登山者が山小屋を快適に利用してほしい願いをもって、毎年、シーズン前に改修・補修工事を自ら行ってきた。いずれもかなり伝統的な建造物なので、冬をすぎると屋根や壁が傷むのだ。こうした補修工事のほかに、トイレ、売店、フロント、焼却炉などを改修、あるいは設置し、彼の汗によって、以前よりもはるかに快適な山小屋に生まれ変わっている。

吉川さんはそんな山親父としての顔のほかに、意外な一面をもっている。山と渓谷社主催のカレンダー・コンテストなどに入選したこともあるハイアマチュアカメラマンなのだ。山小屋を訪れる写真愛好家には頼もしい存在である。小屋内には夏でもストーブの炎が燃え、それを囲んでの山談義に花が咲くのも、この小屋の特色。近年、宿泊者から夕食の料理がおいしいと評判が高くなった。

宝剣山荘。左に宝剣岳と天狗岩が迫る展望台

ラーメンは立ち寄る登山者に人気

隣に建つ天狗荘。家族連れに好評

3 将棊頭山 ▶ 木曽駒ヶ岳 ▶ 千畳敷

中央アルプス ◆ 将棊頭山・木曽駒ヶ岳

MAP 1 P16-17　　MAP 8 P30-31

● 小説・聖職の碑の舞台を巡り、神秘的な氷河湖とお花畑を訪ねて主峰を踏む。

1泊2日

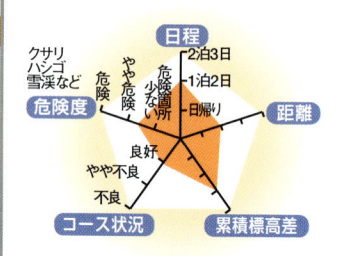

技術度
体力度
危険度

第❶日＝桂木場〜大樽小屋〜胸突八丁ノ頭〜将棊頭山
第❷日＝将棊頭山〜濃ガ池〜木曽駒ヶ岳〜千畳敷

● 歩行距離
第1日＝7.0km
第2日＝6.5km
総　計＝13.5km

● 標高差
標高差＝1696m
（桂小場〜木曽駒ヶ岳）
累積標高差
第1日＝＋1463m
　　　＝－45m
第2日＝＋497m
　　　＝－547m
総　計＝＋1960m
　　　＝－592m

● 2万5000図
木曽駒ヶ岳

COURSE-PLAN

　毎年、地元の中学2年生が集団登山に利用するため、登山道はよく整備が行き届き、初心者には歩きやすいコースだ。中間点の大樽小屋は小気味よいミニ・ログハウス調の避難小屋で、アルミ製の窓が外気を遮断してくれる。冷え込んだ時や、降雨の時には利用価値が高い。山荘の裏手には本コースの最終水場がある。ここで水筒を満たすとよいだろう。宿泊地の西駒山荘は営業期間が7月中旬〜9月中旬。この間を逃さず入山しよう。濃ガ池の花の最盛期は7月中旬〜8月中旬。紅葉は10月上旬。

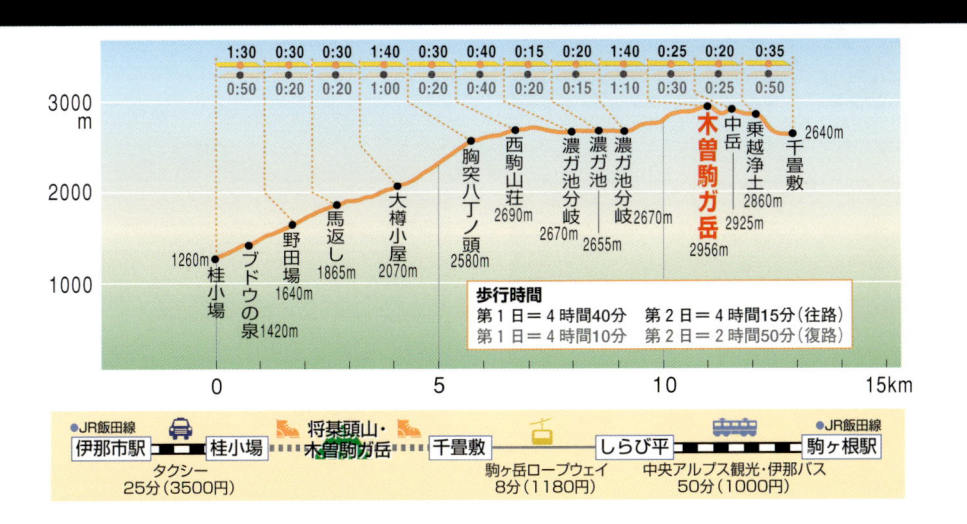

遭難記念碑から見る朝焼けの峰々。
左から伊那前岳、宝剣岳、中岳、木曽駒ガ岳

歩行時間
第1日＝4時間40分　第2日＝4時間15分（往路）
第1日＝4時間10分　第2日＝2時間50分（復路）

桂小場	1260m
ブドウの泉	1420m
野田場	1640m
馬返し	1865m
大樽小屋	2070m
胸突八丁ノ頭	2580m
西駒山荘	2690m
濃ガ池分岐	2670m
濃ガ池	2655m
濃ガ池分岐	2670m
木曽駒ガ岳	2956m
中岳	2925m
乗越浄土	2860m
千畳敷	2640m

- JR飯田線 伊那市駅 — タクシー 25分（3500円） — 桂小場
- 将棋頭山・木曽駒ガ岳 — 千畳敷 — 駒ヶ岳ロープウェイ 8分（1180円） — しらび平 — 中央アルプス観光・伊那バス 50分（1000円） — JR飯田線 駒ヶ根駅

47

3 将棋頭山～木曽駒ガ岳～千畳敷

第1日 MAP1 P16-17
桂小場から将棋頭山へ

桂小場の登山口から登山道に入り、雑木林の中を登るとブドウの泉、さらにカラマツ林の中を高度を稼いで崩壊地を高巻くと野田場に着く。水場とベンチがある。ここからカラマツの美林を進んで横山集落、権兵衛峠への道を順次合わせる。その先が白川分岐、樹相が針葉樹林に変わると岩がゴツゴツした道になる。

1950mを見送ると大樽小屋。近くに水場もある。小屋の東側一帯は針葉樹の森で、林床を緑の苔が覆う森が広がる。桂小場から標高2000m付近まで、信州大学農学部の演習林となっている。

日本における緑豊かな森は、国土面積の実に約70％におよぶという。高山帯にはハイマツが、森林限界にはダケカンバやナナカマドが、亜高山帯にはシラビソ、ツガ、シラカバ、ブナなどが山肌を彩っている。豊かな森林からさまざまなことを学んだり、感じたりできることが登山の喜びのひとつだと、私は考える。

大樽小屋からは、胸突八丁とよばれる心臓破りの坂道を登り、六合目、さらに津島神社を見送ると、胸突八丁ノ頭。左折し、わずか行くと分水嶺で、御嶽山と木曽駒ガ岳の展望がいい。尾根の東側山腹を回り込んで直進すると西駒山荘に着く。山荘の東側に、山頂付近では珍しい天命水という水場がある。

大樽小屋の手前50mあたりの登山道を行く。針葉樹の森がことのほか美しい

八丁坂を登り終えると八丁坂ノ頭。八ガ岳や南アルプスの展望がよい

広大な砂礫の尾根を、木曽駒ガ岳、御嶽山の眺望を楽しみながら、分水嶺を目指して登る

将棊頭山から望む伊那前岳、宝剣岳、中岳、木曽駒ガ岳

交通機関・山小屋問合せ

避難小屋の大樽小屋

西駒山荘前に立つ管理人の宮下さん

🚙🚌🚶 中央アルプス観光☎0265-83-3107、伊那バス☎0265-83-4115、駒ヶ岳ロープウェイ（中央アルプス観光）☎0265-83-3107、伊那市駅：白川タクシー☎0265-72-2151、伊那タクシー☎0265-76-5111、つばめタクシー☎0265-72-3111、駒ガ根駅：赤穂タクシー☎0265-83-5221、丸正タクシー☎0265-82-3101

☎ 大樽小屋・西駒山荘☎0265-78-4111（伊那市役所商工観光課）、ホテル千畳敷、宝剣山荘、天狗荘、駒ガ岳頂上山荘はP39参照。

アドバイス Q&A　＊1　桂小場まではマイカーか、JR飯田線伊那市駅からタクシーを利用して上がる。駐車場もある。

第2日　MAP① P16-17　⑧ P30-31
木曽駒ガ岳を経て千畳敷へ

　山荘の南側に広がるコマクサのみごとなお花畑をあとに、まずは濃ガ池を目指す。「聖職ノ碑」の遭難記念碑の前を通り、ハイマツの海が開ける鞍部まで下る。登りがはじまり、道幅が狭くなって、わずかな急登を経ると、伊勢滝、濃ガ池、

● 中央アルプスの歴史 ❶　遭難事故の記憶を残す「聖職の碑」　● Column

　木曽駒ガ岳における登山史は、1784年高遠藩士坂本天山一行が初の集団登頂を果たした。1891年にはウォルター・ウエストンが山頂を踏んでいる。明治時代に入り教育制度が制定され、伊那地方では明治30年ごろから西駒ガ岳（木曽駒ガ岳）へ集団登山が開始された。それは学徒の心身鍛練、相互の協調性を育てる道場として位置づけられた。しかし、大正2年、中箕輪校の校長以下総勢37人が本コースを登山中、痛ましい遭難事故に見舞われてしまった。小屋が火災で消失していたこと、大雨が容赦なく降り注いだことが要因し、下山中、次々に倒れていったという。実に11名の尊い命が奪われてしまった。この痛ましい事故を二度と起こしてはならないとして、遭難記念碑を建立。さらに登山道や山小屋の整備も進められた。いまでも中学生による集団登山が毎年行われている。

遭難記念碑。聖職ノ碑の解説板も立つ。弔慰していこう

49

3 将棊頭山〜木曽駒ガ岳〜千畳敷

木曽駒ガ岳への分岐。ここで濃ガ池を往復する。左折すると濃ガ池までは一本道。ダケカンバが覆うさわやかな道だ。濃ガ池は、湖面に映る峰々と周囲の風景が神秘的で、南側には多種多様な花が咲き、中でもミヤマクロユリの群落は必見だ。

分岐に戻り馬ノ背を登る。やせた尾根を進み、広い尾根の急登を経て、露岩帯に出る。道は平坦になって、小ピークを左に巻き、分岐で頂上山荘への道を左に分けて直進する。コマウスユキソウのお花畑を越えると木曽駒ガ岳山頂に着く。

山頂の西と東には木曽と伊那の神社が、中央には方位盤が、西側直下には頂上木曽小屋が建っている。展望は、南北アルプス、御嶽山、中央アルプス主脈の宝剣岳と空木岳がいい。

主稜を南下し、頂上山荘が建つ鞍部から中岳へ登り返し、天狗荘の建つ鞍部へ。宝剣山荘を左に曲がり、乗越浄土から千畳敷へと八丁坂を下る。

濃ガ池の南側に開けた圏谷地形。モレーンが堆積し、チングルマのお花畑が広がっている

遭難記念碑の裏側からは、行く手に伊那前岳と木曽駒ガ岳がパノラマのように広がる

上:湖面に峰を映し、神秘的な雰囲気が漂う濃ガ池。中央アルプス唯一の氷河湖
下:木曽駒ガ岳山頂。中央に山名を記した方位盤が立つ。好天なら展望は抜群

アドバイス Q&A

*2 登山口には海抜1250mの表示板が立ち、50m間隔で2050mまで表示。休憩の目安になる援軍だ。

*3 ブドウの泉は、沢の源流部の湧水場。ベンチもあり休憩には最適。

*4 大樽小屋はウッディ調の快適な避難小屋。裏手へ5分ほど行くと沢の水場がある。一年中、涸れることはない。

*5 管理人は信州大学OBの宮下さん。代々受け継がれた夕食のカレーは絶品。付近の登山コースや自然学に詳しい。

Q コマウスユキソウとは?
A 木曽駒ガ岳の岩礫地帯にのみ特産する多年草。国内のウスユキソウの仲間では最小。全体に白い綿毛を密生させる。

サブコース——1

MAP 8 P30-31

伊那前岳 ▶ 北御所谷

ロープウェイ開通以前の登山者は、もっぱらこのコースで宝剣岳(ほうけんだけ)、千畳敷(せんじょうじき)を目指した。いまは下山に利用する登山者が増えている。中学生の集団登山に使われるので、登山道の整備は万全。

参考コースタイム

伊那前岳(40分→←1時間20分)七合目(40分→←1時間20分)六合目(50分→←1時間20分)五合目(30分→←50分)清水平(40分→←1時間)登山道入口(1時間→←1時間20分)北御所登山口

▼ 下の勒銘石の南側に立つ記念碑。背後の宝剣岳と伊那前岳がよく見える。乗越浄土から約15分でこの見晴らしがきく場所に着く

▼ 高遠藩郡代坂本天山は、1784年、80余名をしたがえ駒ガ岳に登った。その時、漢詩をつくり同行の石工に刻ませたのが、この勒銘石

▼ 一丁ガ池から気持ちのいい針葉樹林の中を行くと五合目のウドンヤ峠に着く。三差路の分岐で、左に伊勢滝方面が分かれる

▼ 清水平。地名通りの広場で、西南部に冷たくておいしい清水が湧き出ている。付近には大型の高山植物が咲いている

▼ 八合目から先は花崗岩とハイマツが点在する庭園風景が広がる。伊那前岳が惜しむかのように見送ってくれる

▼ 六合目からわずかに下ると、一丁ガ池に出る。周囲はシャクナゲが多く、ナナカマドも美しい。水は飲用不可

▼ 蛇腹沢登山口。清水平から急な山腹をジグザグをきって下り着くと林道に合流する。右にコースをとり、さらに林道を下る

▼ 八合目から下り着いたところは七合目。左手近くに将棊頭山が見える。ここからは急な下降を経て、さらに六合目まで下る

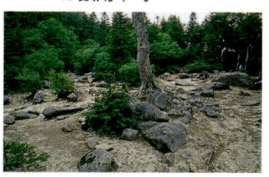

▼ 小屋場跡の六合目。ここは分岐で、千畳敷からの長谷部新道(2007年現在は道が荒れて通行不可)が右から合流する

▼ 長い林道歩きを終えると、北御所登山口バス停のある車道に合流する。車止めゲートの右にバス停がある。乗車時刻を確認して休憩しよう

51

4 上松 ▶ 木曽駒ガ岳

MAP 2 P18-19　MAP 8 P30-31

中央アルプス ◆ 木曽駒ガ岳・上松Aコース

● 木曽駒ガ岳登山の発祥、駒ガ岳信仰の
木曽側正道をたどる歴史とロマンの道

1泊2日

技術度／体力度／危険度

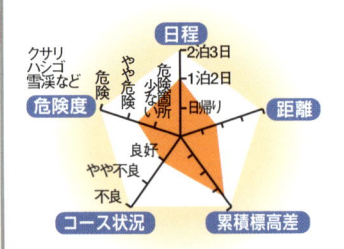

第❶日＝ 上松〜上松Aコース〜玉ノ窪山荘
第❷日＝ 玉ノ窪山荘〜木曽駒ガ岳〜千畳敷

● 歩行距離
- 第1日＝9.5km
- 第2日＝2.0km
- 総　計＝11.5km

● 2万5000図
- 木曽駒ヶ岳
- 上松

● 標高差
- 標高差＝1866m
  （上松二合目〜木曽駒ガ岳）
- 累積標高差
  第1日＝＋2080m
  　　　＝−296m
- 第2日＝＋73m
  　　　＝−301m
- 総　計＝＋2153m
  　　　＝−597m

COURSE・PLAN

上松から木曽駒ガ岳へは、AコースとBコースがある。どちらも九合目玉ノ窪で合流するが、Aコースは最寄り駅からのタクシーによるアクセスが短く、山岳信仰の遺産も色濃く残っている。ちなみにBコースの起点は芦島。ここではAコースを紹介する。登山適期は7月上旬〜10月中旬。花期は7月上旬〜8月中旬。紅葉は9月下旬〜10月上旬。

● JR線　上松駅 ─[タクシー 15分(2000円)]─ 二合目登山口 ─ 木曽駒ガ岳 ─ 千畳敷 ─[駒ヶ岳ロープウェイ 8分(1180円)]─ しらび平 ─[中央アルプス観光・伊那バス 50分(1000円)]─ 駒ヶ根駅 JR飯田線

右上：二合目の登山口は霊神碑が林立する。山岳信仰の道場へと向かった往時が忍ばれる
右下：五合目の指導標。この背後の岩の上には不動明王が安置されている
左：不動明王を中心に据えた祈祷所のひとつ。三ノ沢岳と静かに対峙している

第1日　MAP 2 P18-19　8 P30-31
上松Aコースを木曽駒ガ岳へ

アルプス山荘の前が登山口、石神群を左に見て、橋を渡って進む。車道に出て右に入るとすぐ先が敬神ノ滝山荘。ここで水筒を満たし、滝の手前から右の山腹に取り付く。ヒノキの大木の中を緩やかに登ると三合目、そこからジグザグの急坂がはじまり、四合目には座って休むのに好都合の丸太が横たわっている。再び急坂になり、ダケカンバが目につくようになると金懸小屋が建つ五合目。小屋の前からは御嶽山が望め、不動明王が小屋の横に祭られている。

大休止したら出発しよう。霊神が宿るとされる巨大な金懸岩の下を桟道で越え、胸突八丁の登りに汗をかく。ハシゴ

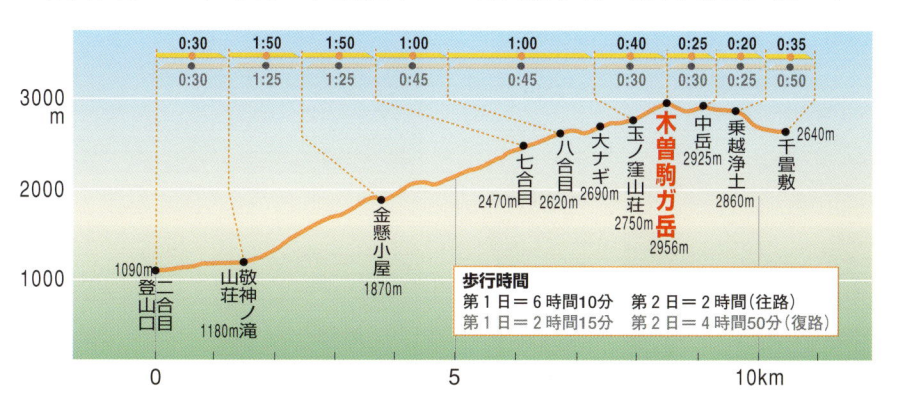

歩行時間
第1日＝6時間10分　第2日＝2時間（往路）
第1日＝2時間15分　第2日＝4時間50分（復路）

左上：金懸小屋の前からは、樹間越しに美しい裾野を広げた霊峰御嶽山の山姿がたおやかに望める
右上：天ノ岩戸は、切り立った岩。神話を想わせる
左下：八合目の遠見場の小屋跡は霊神碑が立つ広場

が現れるのもこのあたりからで、ラクダの背とよばれる尾根に出る。斜度が増して六合目、さらに見晴台を見送り、切り立った天ノ岩戸とよばれる巨岩をすぎると七合目。樹木の背丈が少しずつ低くなり、高山の様相が色濃くなる。やがて八合目の遠見場の小屋跡。大きな霊神碑がいくつも立つ平坦な広場で、休憩にはもってこいの場所だ。このすぐ上にも不動明王像を中心に据えた祈祷場があって、三ノ沢岳の展望がよい。

八合目〜九合目の区間は核心部。この崩壊地越えは足場が不安定なので滑落に要注意

二度目の大休止をしたら出発。少し登ると分岐。左は木曽前岳へ直登する冬道、ここは直進する。山腹を巻き、崩壊地をわずかに下って登り返す。さらに階段状の急坂をいっきに登るが、滑りやすい区間が続く。これを越えると緩やかな巻道になって、高山の花たちが目立つようになる。すずり岩をすぎると九合目は目と鼻の先だ。

九合目には、宿泊施設の玉ノ窪山荘が建ち、木曽駒ガ岳が眼前にそびえる。

第2日　MAP 2 P18-19 8 P30-31
木曽駒ガ岳を経て千畳敷へ

山荘の前の石段を上がると烏帽子岩と覚明行者像が建つ祈祷所。尊像に感謝と

上：すずり岩は、大岩を巨大な硯に見立てた地名。たえず水が溜まっている
下：木曽福島コースが合流する九合目の指導標。玉ノ窪山荘も建つ

苦労して登り終えた木曽駒ガ岳山頂。奥ノ院が見えている。ひと休みしたら参拝しよう

安全を祈り、山頂を目指そう。岩礫の道が木曽駒ガ岳山頂へとのび、途中にも石神などが立っていて、この区間も山岳信仰色が濃い道だ。山頂のすぐ手前には頂上木曽小屋が建つ。健脚者はここまで登って、この小屋で宿泊してもいいだろう。小屋裏にはコマクサのみごとなお花畑がある。ぜひ時間をとって愛でていこう。小屋から山頂までは8分ほどで着ける。

　山頂からは、頂上山荘が建つ鞍部まで下り、中岳へ登り返して天狗荘と宝剣山荘が建つ鞍部まで下る。宝剣山荘をすぎて左に折れると乗越浄土、そこから千畳敷へと八丁坂を下る。

交通機関・山小屋問合せ

五合目に建つ金懸小屋

玉ノ窪山荘の松原さん

🚙🚌 中央アルプス観光☎0265-83-3107、伊那バス☎0265-83-4115、駒ヶ岳ロープウェイ（中央アルプス観光）☎0265-83-3107、上松駅：おんたけタクシー☎0265-24-0007、駒ヶ根駅：赤穂タクシー☎0265-83-5221、丸正タクシー☎0265-82-3101

🏠 山ノ湯アルプス山荘☎0264-52-2547、玉ノ窪山荘☎0264-52-2682、ホテル千畳敷☎0265-83-5201、宝剣山荘・天狗荘・駒ガ岳頂上山荘☎090-5507-6345（期間外☎0265-83-2133）

アドバイスQ&A

＊1　二合目登山口までは、JR中央本線上松駅からタクシーを利用。マイカーの場合は駐車場がある。

中央アルプスの歴史❷　駒ガ岳神社と山岳信仰　　Column

　木曽駒ガ岳周辺には、山岳信仰とかかわり深い地名が残っている。乗越浄土、極楽平、賽ノ河原、行者岩、地獄谷などがそれである。山岳信仰は山頂を聖地と定めていることから、駒ガ岳信仰も例外ではなく、山頂に駒ガ岳神社奥ノ院が建立された。一合目の里宮には、保食大神と豊受大神が祀られ、衣食住および農蚕牛馬の守護神として厚く信仰されてきた。この神社の例祭は毎年5月3日に行われ、神事に欠くことのできない太々神楽が奉納される。この神楽は、徳原集落の定められた氏子の長男が、一子相伝形式で400年来受け継いでいる。真剣を素手で握って舞う三剣の舞、四人の天狗が跳びはねて舞う四神五返拝は勇壮で迫力に満ちている。出雲神楽の流れをくむ鉾舞の優雅な舞いも見逃せない。これらはいずれも昭和54年に国の選択無形民俗文化財に指定された。

上…天狗の面をつけて跳びはねて舞う四神五返拝
下…九合目の玉ノ窪祈祷所に建つ覚明行者の尊像

5 木曽駒高原 ▶ 木曽駒ガ岳

中央アルプス ◆ 木曽駒ガ岳・福島Bコース

MAP 2 P18-19　MAP 8 P30-31

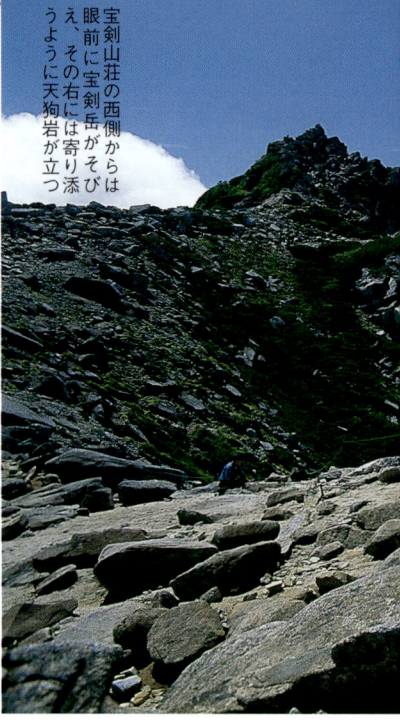

宝剣山荘の西側からは眼前に宝剣岳がそびえ、その右には寄り添うように天狗岩が立つ

● 観光地として脚光を浴びる木曽駒高原から、花の道をたどって中央アルプスの盟主へ

1泊2日

技術度
体力度
危険度

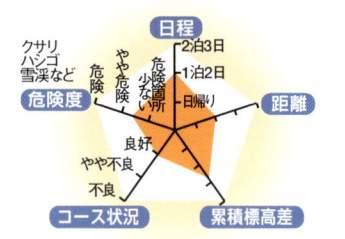

歩行距離
- 第1日＝11.0km
- 第2日＝2.5km
- 総　計＝13.5km

標高差
- 標高差＝1956m
  （木曽駒高原〜木曽駒ガ岳）
- 累積標高差
- 第1日＝＋2010m
  　　　＝－111m
- 第2日＝＋129m
  　　　＝－389m
- 総　計＝＋2129m
  　　　＝－500m

2万5000図
- 木曽駒ヶ岳
- 上松

第❶日＝ 木曽駒高原〜福島Bコース〜頂上木曽小屋
第❷日＝ 頂上木曽小屋〜木曽駒ガ岳〜千畳敷

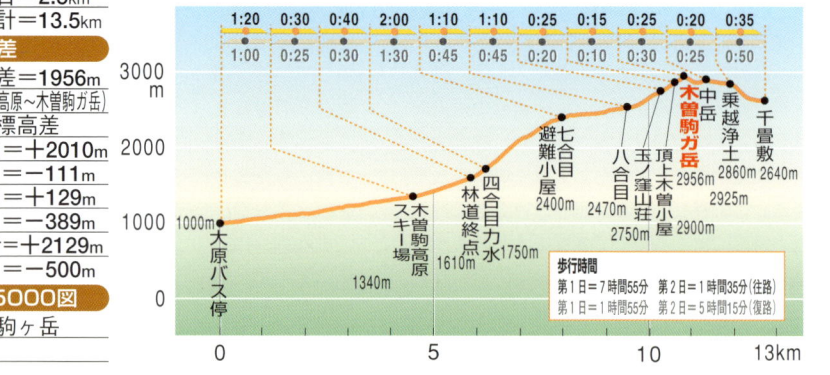

歩行時間
第1日＝7時間55分　　第2日＝1時間35分（往路）
第1日＝1時間55分　　第2日＝5時間15分（復路）

標高（m）: 大原バス停 1000m — 木曽駒高原スキー場 1340m — 林道終点 1610m — 四合目力水 1750m — 七合目避難小屋 2400m — 八合目 2470m — 玉ノ窪山荘 2750m — 頂上木曽小屋 2900m — 木曽駒ガ岳 2956m — 中岳 2925m — 乗越浄土 2860m — 千畳敷 2640m

区間時間（上段：登り／下段：下り）:
1:20 / 1:00 — 0:30 / 0:25 — 0:40 / 0:30 — 1:10 / 1:30 — 0:10 / 0:45 — 0:25 / 0:45 — 0:15 / 0:20 — 0:25 / 0:10 — 0:20 / 0:25 — 0:35 / 0:50

交通機関・山小屋問合せ

木曽福島の祭り

🚌 中央アルプス観光☎0265-83-3107、伊那バス☎0265-83-4115、駒ヶ岳ロープウェイ（中央アルプス観光）☎0265-83-3107、おんたけ交通バス☎0264-22-2444、木曽福島駅：おんたけタクシー☎0264-22-2525、木曽交通☎0264-22-3666、駒ヶ根駅：赤穂タクシー☎0265-83-5221、丸正タクシー☎0265-82-3101

🏠 玉ノ窪山荘☎0264-52-2682、頂上木曽小屋☎0264-52-3882、ホテル千畳敷☎0265-83-5201、宝剣山荘・天狗荘・駒ヶ岳頂上山荘☎090-5507-6345（期間外☎0265-83-2133）

アドバイス Q&A　＊1 下山口の駒ヶ根高原には日帰り入浴施設が平成9年に誕生。

第1日　MAP 2 P18-19　8 P30-31
大原から頂上木曽小屋へ

　JR中央本線木曽福島駅から木曽駒高原行きバスに乗り終点で下車。木曽駒高原スキー場まで車道を歩く。スキー場の入口には木曽駒冷水が湧いている。四合目まで水場はないので水筒を満たそう。スキー場の最終駐車場まではマイカーで上がることもできる。
　ゲレンデを通り、林道に進入して終点まで進む。そこで幸ノ川を徒渉すると登山道がはじまる。最初から急坂で四合目の力水まで続く。そこから避難小屋が建つ七合目までは、樹間の緩急が続く地味

幸ノ川を徒渉した地点。本格的な登山道がはじまる

COURSE-PLAN
木曽福島からはAコース、Bコースがあるが、七合目でどちらのコースも合流する。Bコースは、木曽福島駅からのバス便が充実し、コース上には水場が2カ所ある。七合目には2002年に新築された避難小屋も建ち登山者から好評。

●JR線　木曽福島駅 — 大原 — 木曽駒ヶ岳 — 千畳敷 — しらび平 — 駒ヶ根駅　●JR飯田線
おんたけ交通バス 20分（530円）　駒ヶ岳ロープウェイ 8分（1180円）　中央アルプス観光・伊那バス 50分（1000円）

57

5 木曽駒高原〜木曽駒ガ岳

右上：七合目避難小屋の正面に峻立する岩峰の頭から望む木曽駒ガ岳。玉ノ窪と玉ノ窪カールも見えている
左上：七合目に建つ新築されたばかりの快適な避難小屋
左下：七合目〜山姥の間は、岩場の桟道やハシゴが多い

な登りだ。急がず森林浴を楽しみながらマイペースで歩くことがコツ。新築された2階建の避難小屋はウッディな造りで、登山者にはありがたい援軍。広場の北には巨大な岩峰が立ち、その上から見る木曽駒ガ岳の展望がすばらしい。

後半の登りは本コースの核心部で、5m以上もある大岩がゴロゴロする奇怪な風景が展開する山姥（やまうば）の手前まで、岩場の桟道やハシゴが連続する。滑落に注意して越えていこう。

八合目の水場をすぎると、ダケカンバが多くなり、高山植物が広がる草原も現れる。やがて森林限界を越え、高山の花で埋まる斜面を登るようになる。時間があれば、ゆっくり鑑賞していこう。

牙岩（きばいわ）からのトラバース道が近づくと九合目に出る。上松（あげまつ）からの道も合流し、玉ノ窪山荘の前を通って烏帽子岩（えぼしいわ）と祈祷所を見送り、岩礫の斜面を登る。右に宝剣岳（ほうけんだけ）方面への巻道を分けると、宿泊地の頂上木曽小屋は近い。

小屋の食堂から見る夕景は、御嶽山（おんたけさん）の暮れなずむ姿、三ノ沢岳（さんのさわだけ）の夕焼けが印象深い。また、主人と、山荘に通う池田勝志さんの並々ならぬ努力によって結実したコマクサのお花畑がある。ぜひ鑑賞してほしい。

第2日　MAP 2 P18-19　8 P30-31
木曽駒ガ岳を経て千畳敷へ

小屋からは、木曽駒ガ岳を踏んで主稜を南下、頂上山荘が建つ鞍部へ下るが、巻道を通って鞍部へ出る近道もある。鞍部からは中岳（なかだけ）へ登り返し、天狗荘（てんぐそう）と宝剣（ほうけん）山荘が建つ鞍部へ下る。宝剣山荘の南側を左に折れると、そのすぐ先が乗越浄土（のっこしじょうど）。そこから千畳敷（せんじょうじき）へと八丁坂（はっちょうざか）を下る。

八丁坂を下ると分岐。千畳敷駅へは右が近いが、左にカール内を周回する遊歩道がのびている。時間があれば高茎草原のお花畑を楽しんでいこう。*1

九合目に建つ玉ノ窪山荘前から望む烏帽子岩と木曽駒ガ岳

中央アルプスの山小屋物語 ❷

縦走路の要に位置する木曽殿山荘

　中央アルプス主稜の名峰・空木岳と東川岳の鞍部に建つのが木曽殿山荘。平安時代末期、源氏の覇者となるべき血統のひとり木曽義仲侯が、伊那攻めの時、この鞍部を登り越えたという故事が残っている。木曽殿越という名も、その伝説に基づくものだろう。山荘から倉本側に少し下ると「義仲の力水」とよばれる名水が往時を偲ばせ、それを知ってか知らずか、多種多様な高山の花が咲き競っている。

　この小屋を建てたのは初代オーナーの澤木隆治さん。昭和40年、最高の技術と、知恵と汗の結集によって、斬新かつ頑丈な山荘を建設したのだ。39年経ったいまも重厚さは当時のまま。隆治さんは奥さんと2人で登山者をあたたかく迎え続けたが、2代目の孫娘・知里さんに譲って14年になる。知里さんは子供のころから山小屋に登っては山の自然と親しんだ。卒業すると同時に隆治さん夫妻を手伝い、数年後にはひとりで切り盛りするまでに成長した。さらにお母さんと、もうひとりの孫娘・知春さんも加わり、

東川岳の南稜下部に、寄り添うように建つ朝の木曽殿山荘。右のディナーの味付けご飯は、山荘オリジナルの伝統料理

右からお母さんと知里さん。シーズン中のスタッフは、アルバイトの若者も加わり、活気がある

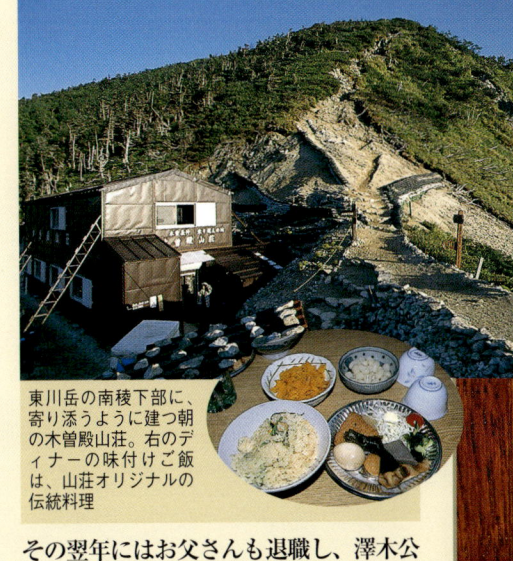

その翌年にはお父さんも退職し、澤木公司さん一家による山荘にいたったのである。平成7年には大幅な改修工事が施され、内部は木の香りが漂うウッディ調の快適な山荘に生まれ変わった。

　みやげ品と缶ビールや缶ジュース類も充実し、オリジナルのTシャツも好評。夕食は初代オーナー時代から登山者には定評がある。その味のよさと、温かいご飯とみそ汁を提供するという伝統の姿勢はいまでも変わらない。利用するには、あらかじめ予約したうえで、午後4時30分までに到着することが宿泊者のマナーである。

　木曽殿越は、木曽谷の伊奈川渓谷、伊那谷の太田切本谷の分水嶺。新緑の季節、あるいは紅葉の季節には、樹木が谷筋を優美に彩り、美しい風景が見られる。

6 中央アルプス ◆ 空木岳

MAP 3 P20-21　MAP 8 P30-31

宝剣岳▶檜尾岳▶空木岳▶池山尾根

● 中央アルプス北部の名峰を結び、大展望と高山の花を心ゆくまで楽しむ。

ピーク（右から左）：宝剣岳／島田娘／濁沢大峰／檜尾岳／熊沢岳／東川岳／木曽殿越／空木岳／ヨナ沢ノ頭／マセナギの頭／大地獄／タカウチ場／新池山小屋／林道終点／駒ヶ池

1泊2日

- 技術度　★★
- 体力度　★★★
- 危険度　★★★

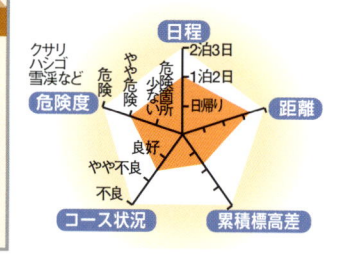

レーダーチャート項目：日程／距離／累積標高差／コース状況／危険度
- 日程：1泊2日（2泊3日・日帰りも表示）
- 距離：やや危険箇所少ない／危険箇所多い
- コース状況：良好／やや不良／不良
- 危険度：クサリ・ハシゴ・雪渓など

第❶日＝千畳敷〜宝剣岳〜檜尾岳〜木曽殿越
第❷日＝木曽殿越〜空木岳〜池山尾根〜駒ヶ根高原

歩行距離
- 第1日＝9.0km
- 第2日＝11.0km
- 総　計＝20.0km

2万5000図
- 木曽駒ヶ岳
- 空木岳

標高差
- 標高差＝291m（千畳敷〜宝剣岳）
- 累積標高差
- 第1日＝＋962m
- 　　　＝−1108m
- 第2日＝＋442m
- 　　　＝−2084m
- 総　計＝＋1404m
- 　　　＝−3192m

シーズン：残雪期（4月・5月）／春山／高山植物（6月・7月・8月）／夏山／紅葉（9月・10月）／秋山／積雪期（11月）／冬山

COURSE-PLAN

　朝一番のロープウェイに乗れば木曽殿越まで1日の射程距離。しかし千畳敷や宝剣岳付近の山小屋に泊まるなど、2泊3日の山旅にすると行程に余裕が生まれる。池山尾根下山は、長丁場の上、大地獄・小地獄の難所もある。木曽殿山荘を早朝出発すること。空木平に立ち寄ると多種多様な高山の花が見られる。登山口へ周回できるおすすめのコースだ。下山後は駒ヶ根高原にある日帰り入浴施設で汗を流すのも楽しみ。本コースの花期は7月上旬〜8月下旬。紅葉は10月上〜中旬。

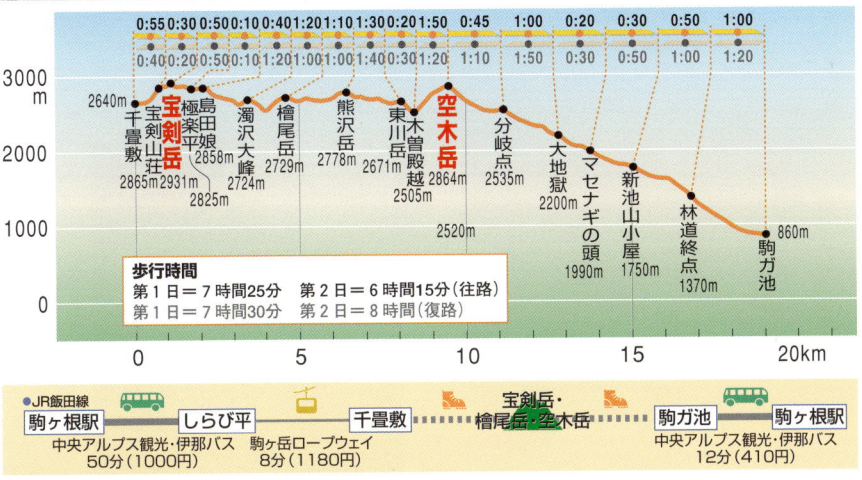

空木岳南稜から望む南駒ガ岳と、その手前の赤梛岳。左のコブは田切岳。緑色の山容が優美

歩行時間
第1日＝7時間25分　　第2日＝6時間15分（往路）
第1日＝7時間30分　　第2日＝8時間（復路）

千畳敷	2640m
宝剣山荘	2865m
宝剣岳	2931m
極楽平	2858m
島田娘	2825m
濁沢大峰	2724m
檜尾岳	2729m
熊沢岳	2778m
東川岳	2671m
木曽殿越	2505m
空木岳	2864m
分岐点	2535m
大地獄	2200m
マセナギの頭	1990m
新池山小屋	1750m
林道終点	1370m
駒ガ池	860m

●JR飯田線　駒根駅　中央アルプス観光・伊那バス 50分（1000円）　しらび平　駒ヶ岳ロープウェイ 8分（1180円）　千畳敷　……　宝剣岳・檜尾岳・空木岳　駒ガ池　中央アルプス観光・伊那バス 12分（410円）　駒ヶ根駅

61

6 宝剣岳〜檜尾岳〜空木岳〜池山尾根

第1日 MAP③ P20-21　⑧ P30-31
千畳敷から宝剣岳・檜尾岳を経て木曽殿越へ

千畳敷までは①のコースを参照して上がる。千畳敷駅を出てホテル千畳敷の西側に建つ駒ヶ岳神社の前を右折。カール内を北方へとトラバースし、八丁坂を乗越浄土まで登る。稜線に出て左折し、宝剣山荘の南側から宝剣岳に取り付く。宝剣岳は巨大花崗岩の岩峰で、山頂までクサリの岩場を攀じるが、山頂から南稜を越える方が危険箇所が連続する。しかし、要所にお花畑があり緊張がほぐれる。*1

三ノ沢分岐で岩場から解放され、極楽平、すぐ先の島田娘を見送り、濁沢大峰の鞍部まで下降し登り返す。山頂は大きな岩が折り重なり、岩峰が2峰南へと続

上：檜尾岳の山頂。風衝地帯のため砂礫に覆われる。東側に下りると風はなく、休憩の際は助かる

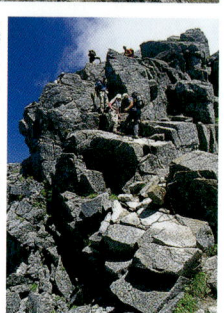

右：宝剣岳南稜の岩場。登山者が多い時は譲り合い、登り優先を守ろう。濡れている時は、足運びを慎重に

く。最初は木曽側を巻き、岩場の下りから岩尾根を通過。さらに伊那側のガレ場を下降し、主稜に戻って鞍部まで下る。

鞍部からは檜尾岳を目指すが、ダケカンバ帯を越え、ハイマツ帯に入ると緩やかな登りになる。山頂付近にはコマウスユキソウやミヤマキンバイ、イワツメクサなどが株をつくっている。檜尾岳は木曽殿越までの中間点、大休止するとよい。*2

後半は大滝山を越え、ハイマツの尾根を登下降しながら、徐々に熊沢岳へと登る。途中に岩場が1カ所あるが、問題はない。熊沢岳からは緩やかな稜線漫歩が続き、東川岳までいくつかのピークを越える。

宝剣岳は花崗岩の岩峰、山頂最上部の頭は1人しか立てない。それだけに展望はすばらしい

宝剣岳の南稜を行く登山者。絶えず岩に手がかりを求めるので、軍手は必携アイテム

熊沢岳北稜にある岩場のトラバース。体を垂直に保ってバランスよく移動することがコツ

東川岳の北方から見た空木岳

東川岳山頂に立つと、木曽殿越の谷を隔てて、その対岸に空木岳が荒々しく立ちはだかって見える。夕陽に染まる空木岳は、みごとな山岳景観を展開させ、一度はカメラに納めたい。木曽殿山荘にザックを置き、身軽になって登り返すといいだろう。山荘の近くには義仲の力水という名水が湧いている。

第2日　MAP3 P20-21
空木岳・池山尾根を経て駒ヶ根高原へ

空木岳山頂までは急な登りが長い。早朝に出発し、遅くても午前8時ころには空木岳に着きたい。途中の岩場、上部の砂礫地帯は、滑落に要注意の区間がある。空木岳山頂からは、越えて来た中央アルプスの峰々が、まるで天空を泳ぐ竜のように見える。宝剣岳の鋭い穂先に向かってのびる主稜の名峰たちを、そのように眺めてみるのも楽し

空木岳山頂で憩う登山者。夏の朝は雲海の上に山頂が浮くことが多く、そのため抜けるような青空が広がる。雲海に浮く遠景の山は南駒ヶ岳

交通機関・山小屋問合せ

縦走の際の援軍、木曽殿山荘

駒峰ヒュッテと管理人など

真新しい新池山小屋

木曽殿越から拝するご来光

🚙🚌🚡 中央アルプス観光☎0265-83-3107、伊那バス☎0265-83-4115、駒ヶ岳ロープウェイ（中央アルプス観光）☎0265-83-3107、赤穂タクシー☎0265-83-5221、丸正タクシー☎0265-82-3101

🏨 ホテル千畳敷☎0265-83-5201、宝剣山荘☎090-5507-6345、檜尾避難小屋☎0265-83-2111、木曽殿山荘☎090-7914-5243、空木岳駒峰ヒュッテ☎090-4462-5353、空木平避難小屋☎0265-83-2111（駒ヶ根市役所観光課）、池山小屋（林内作業局）☎0265-83-2111（駒ヶ根市役所耕地林務課）

アドバイス Q&A

＊1　宝剣岳は岩場が連続する。三点支持の原則を守ることは基本だが、登りよりも下りが要注意で、石に砂が乗っているところは特に慎重な足運びを。

＊2　檜尾岳山頂は小高い丘体の頭という感じだ。東側に一段下がった鞍部からわずか行ったところに避難小屋が建つ。水場は左の沢を少し下る。アルミサッシの二重窓とドーム型の造りが斬新なデザイン。付近には高山植物が多い。

6 宝剣岳〜檜尾岳〜空木岳〜池山尾根

右：池山尾根の下部から望む南アルプス。ところどころで展望がきく
左：池山尾根の核心部、大地獄。恐い人は後ろ向きで下りよう

い。また、ここで空木岳から南方に見える南駒ガ岳(みなみこまがたけ)往復を加えると山旅も充実する。主稜をたどって往復の所要3時間。

さて、空木岳山頂からは主稜を分け、東方へ下る。すぐ下に駒峰ヒュッテが建ち、その前が分岐。右のコースは空木平経由の道、直進は駒石(こまいし)を通って尾根を下る道、どちらも分岐で合流する。空木平には多種多様な高山植物の花園が広がっている。時間のある人は経由しよう。

分岐からは池山尾根(いけやま)を駒ヶ根高原(こまがね)までひたすら下る。途中の難所、小地獄(こじごく)、大地獄(おおじごく)には近年、桟道やハシゴが整備された。避難小屋の新池山小屋は快適な小屋で水場もある。駒ヶ根高原には日帰り入浴施設があり、汗を流せる。

空木岳山頂 ◆ パノラマ展望　Panorama

― 北 ―

御嶽山／東川岳／独標／2703m標高点／乗鞍岳／熊沢岳／三ノ沢岳／木曽前岳／木曽駒ガ岳／宝剣岳／伊那前岳

檜尾岳

― 南南西 ―

赤梛岳／南峰／南駒ガ岳／北沢尾根

MAP 4 P22-23

越百山 ▶ 南駒ガ岳 ▶ 空木岳 ▶ 倉本

● 高山帯南部の名峰を訪ね、絢爛たる紅葉とさわやかな空気を満喫する

7 中央アルプス ◆ 越百山・空木岳

COURSE-PLAN

公共交通機関を利用する人は、駅前からタクシーが利用できるJR線大桑駅が起点となる。下山は同倉本駅。マイカーの人は、登山口の伊奈川ダム上流のゲート付近の駐車場まで上がれる。東金尾根を下りた金沢土場から登山口へ周回できる。夏の花期もいいが、紅葉がおすすめ。適期は9月下旬～10月中旬。

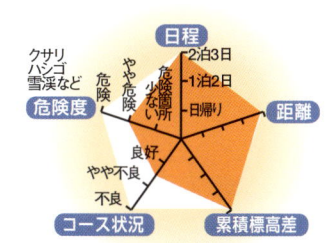

2泊3日

技術度
体力度
危険度

第❶日＝越百登山口～福栃橋～越百小屋
第❷日＝越百小屋～南駒ガ岳～摺鉢窪～空木岳～木曽殿越
第❸日＝木曽殿越～ウサギ平～中八丁～イザルボテ～倉本

越百山への登山口の車止めゲート。先の橋を渡って右が越百山方面

● 歩行距離
第1日＝7.0km
第2日＝8.5km
第3日＝12.5km
総　計＝28.0km

● 標高差
標高差＝1804m
（越百登山口～空木岳）
累積標高差
第1日＝＋1377m

第2日＝＋1186m
　　　＝－1030m
第3日＝＋453m

　　　＝－98m
総　計＝＋3016m
　　　＝－3466m
　　　＝－2338m

● 2万5000図
木曽須原
空木岳

JR線 須原駅 — 大桑駅 — タクシー30分(5250円) — 林道ゲート — 越百山・南駒ガ岳・空木岳 — 倉本駅 JR線

65

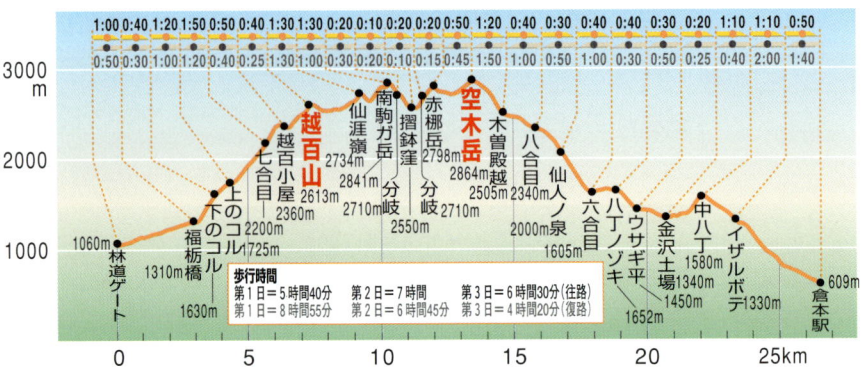

仙涯嶺の山頂から望む
行く手の南駒ガ岳。赤
梛岳も右奥に見える

歩行時間
第1日＝5時間40分　第2日＝7時間　　　　第3日＝6時間30分(往路)
第1日＝8時間55分　第2日＝6時間45分　　第3日＝4時間20分(復路)

第1日　MAP4 P22-23
越百登山口から福栃橋を経て越百小屋へ

　伊奈川ダムの上流、車止めゲートの手前に登山届投稿箱が設置され、駐車場もある。越百山への登山口だ。空木岳や南駒ガ岳への登山口も兼ねる。起点駅の須原から歩くと所要約3時間かかるので、タクシーを利用する人が多い。須原駅にはタクシーが常駐せず、隣の大桑駅から乗るか、駅前の公衆電話で回送してもらう。もちろんマイカーも利用でき、国道

19号線から伊奈川に沿って入る。

ゲートを越え、橋を渡り、左の空木岳方面（マイカーの人は下山時に利用）への林道を分け、右の林道に入る。橋を何回か右、左と渡り返して福栃橋（ふくとちばし）を渡ると越百山登山口。南駒ガ岳への林道を分け、右に入ると本格的な登山道がはじまる。

クマザサの斜面を細かく蛇行して高度を上げ、下の水場をすぎると下のコルに着く。シャクナゲ尾根、五合目・上のコル、オコジョの平を越えると遠見尾根。さらに急登がはじまり七合目・御嶽展望台（おんたけてんぼうだい）に出る。左手に少し下ると、夏には高山植物が咲き競う上の水場がある。草の香りがしてなかなかの美味だ。

休憩したら本日最後の登りだ。針葉樹の林の中の急斜面を小刻みにジグザグを繰り返し、八合目をすぎると福栃山（ふくとちやま）直下

遠見尾根から樹間越しに望む仙涯嶺と南駒ガ岳。秋は空気が澄み、スカイラインが美しい

を左に巻くようになる。先でわずかに下ると今宵の宿、越百小屋に着く。

第2日　MAP 4 P22-23
南駒ガ岳・空木岳を経て木曽殿越へ

秋の1日は短いので、できるだけ早く小屋を発ち、越百山で日の出を迎えるくらいにするとよい。

針葉樹林帯を抜け、黄葉が美しいダケカンバの森を越えると越百山。山頂から北側の小ピークをすぎると、仙涯嶺（せんがいれい）と南駒ガ岳を正面に望みながらハイマツ帯の下りがはじまる。鞍部から仙涯嶺へ登り返すが、砂礫の滑りやすい斜面が続く。

登り着くと仙涯嶺直下。山頂へは10mほど右上する。主稜のすぐ先に広場があって休憩にはよい。この先が難所の仙

越百小屋から越百山への中間点には、ダケカンバの森があって、遠景の御嶽山が映える

福栃橋を渡ると案内板が立つ越百山登山口

7 越百山〜南駒ヶ岳〜空木岳〜倉本

左上：南駒ガ岳の山頂から望む空木岳。山頂には大岩の下に祠が祀られ、指導標が新しい
左下：仙涯嶺山頂の北側にある平坦地。休憩によい
右上：越百山山頂。待望の名峰巡りがはじまる

涯嶺の岩場。ルンゼをいっきに下り、バンドをトラバースし、鞍部へ急下降する。鞍部からは草紅葉が優美な区間を南駒ガ岳南峰まで登る。ここは南駒ガ岳を望むイチオシの場所。さらに南駒ガ岳本峰を踏んで、鞍部の分岐まで岩礫の滑りやすい急斜面を下る。ここで分岐から摺鉢窪*3を往復しよう。

分岐からは赤梛岳へと登り返し、さらに空木岳まで砂礫の滑りやすい道を進んでいく。山頂から望む南駒ガ岳は、かなり遠くに見える。

木曽殿越へは岩場が2カ所ある長い行程なので、あわてず確実に下ろう。最初の砂礫斜面が滑りやすく、岩のルンゼを下りると危険箇所は終る。

Column 中央アルプスの山小屋物語❸ 昔ながらの素朴さが人気の越百小屋

中央アルプスの高山帯を走破する全山縦走、あるいは高山帯南部の空木岳、南駒ガ岳、越百山の登山に欠くことのできない山小屋が越百小屋だ。

1992年に越百山避難小屋の隣に新築され、ウッディな営業小屋として登山者から定評がある。越百山と福栃山の鞍部に建ち、小屋の窓からは南駒ガ岳と越百山が望め、ロケーションは抜群にいい。主人は伊藤憲市さんで、ヒゲがよく似合う生粋の岳人だ。己に厳しく、登山者にはとことん優しい人で、熱烈なファンも多い。2002年には開設10周年を記念し、オリジナルのTシャツを作成、さらに素敵な女性と結婚した。

夕食に出る山菜の天ぷら、おでん、フキの煮付け（その時によって内容は異なる）は、伊藤さんの温かい人柄が滲みでた料理だ。登山道の整備にも余念がない。

上：越百小屋の主人が煎れるコーヒーは通を唸らせる味と評判がいい
下左：伊藤憲市さんが愛情こめて建てた越百小屋。背後に越百山が美しい
下右：オーナーの手料理は登山者から好評。宿泊予約者には茶椀蒸しをサービス

上：摺鉢窪のカール底から見上げた南駒ヶ岳。優美なナナカマドやダケカンバが多い
下左：空木岳山頂。御嶽山が遠くに見える
下右：空木岳から木曽殿越までは長い急な下り

交通機関・山小屋問合せ

🚖 南木曽観光タクシー☎0264-55-4155
🏠 越百小屋☎090-7699-9337、木曽殿山荘☎090-7914-5243、空木岳駒峰ヒュッテ☎090-4462-5353

登山口の大型駐車場

摺鉢窪避難小屋

漆黒の木曽殿山荘

アドバイス Q&A

＊1 登山届用紙に所定事項を記入し登山届投稿箱に入れよう。
＊2 仙涯嶺の岩場は、急なルンゼを下り、続くバンドはクサリを頼りに進む。あとは草付きの斜面を注意して急下降。
＊3 摺鉢窪は典型的な圏谷。寒冷な気候に変形して育つダケカンバやナナカマドが多く紅葉がみごと。避難小屋が建つ。
Q 稜線上に水場はあるか？
A 稜線上にはないので、上の水場で必要量を確保しなければならない。

第3日 MAP4 P22-23
東金尾根を経て倉本へ

　倉本駅までは指導標が整っているので迷うことはない。山荘から少し先の義仲の力水を見送り、草紅葉の道を進む。ダケカンバの黄葉が目に鮮やかな山腹をからめて下ると八合目、クマザサが深くなると冷たい清水が湧く仙人ノ泉だ。さらに下って平坦になると七合目、ここから急な下降が続いて六合目に下り着く。北沢を渡ると八丁ノゾキまでは登りで、林道に出合うウサギ平までは急な下りだ。
　林道を右に入り、金沢土場の林道分岐で右に折れる。ちなみに左の林道は登山口へ通じる。林道の終点から橋を渡り、登山道に再び入ると中八丁まで登りだ。あとはイザルボテを通って倉本駅まで下る。途中、林道を歩く区間がある。

右：六合目の北沢は橋。増水時は要注意
左：東金尾根には要所に休憩地がある

津野祐次の
撮影ポイントガイド

中央アルプス

　山中や山頂で、印象深い光景に出会うことが数多くあります。そんな時、ちょっとしたコツを知れば、その感動をいつまでも記録に残すことができます。ここでは、そんな撮影ポイントを紹介します。

千畳敷の山岳風景を撮る

　千畳敷(せんじょうじき)に限らず、山岳風景をとらえる時は、対象となる山や場所をよく観ることが大切です。その場所の特徴を見つけ、作画に生かすことも重要です。たとえば、千畳敷に降り立つと、宝剣岳(ほうけんだけ)の峻険さに驚くことでしょう。この時、望遠レンズで山姿のみを切り取るのも一方法です。しかし、千畳敷の全体を見回し、魅力的に感じる対象を探すのです。萌える若葉をまとう木立や、広大に開けるみごとな高山植物のお花畑、花崗岩が散在する庭園風景、豊かな清流が流れる中御所川(なかごしょ)源流など、存在するすべてを注意深く観察することで、ごく自然に、あなたの目と心に映るはずです。

　千畳敷に展開する自然……この特色を活用し、巧みに画面内に配置することが、山岳風景写真では最大のポイントとなります。具体的には、千畳敷のお花畑と、その背後に立つ宝剣岳をバランスよく組み立てるということです。同じ宝剣岳を背景にすえても、前景の処理しだいで、でき上がった写真のイメージが変わります。ファインダーをのぞきながら、カメラ位置の高さを変えたり、左右に移動したり、画面の隅々まで余分なものが写り

上：シナノキンバイと点在する石を作画
撮影データ／ブロニカETRSi・40mmレンズ・絞りf22・シャッター自動・フジベルビア
左：花崗岩を縫うように飛沫を飛ばす清流と宝剣岳をとらえている。縦位置は高度感が出る
撮影データ／ブロニカGS-1・50mmレンズ・絞りf32・シャッター自動・フジベルビア・PL使用

込んでいないかチェックすることがコツで、その作業を構図づくりといいます。

次は、花の色や青空を鮮やかに写す方法ですが、偏光(一般的にはＰＬ)フィルターを使うことで解決します。一眼レフカメラ以外では、枠につけられた印を太陽の方向に向けると効果が最大に得られます。曇り空など、山が見えない時は、空を画面内からはずし、お花畑を強調させるようにとらえるとよいでしょう。

雲を生かして印象的な写真を撮る

構図ができ上がったら、いつシャッターを切るかが重要です。山の上では気象が刻一刻と変化します。この気象をうまく生かすことで、個性あふれる写真ができるのです。雲は同じ形をいつまでもとどめてはいません。それだけに雲が写り込んだ写真は、なにげない風景でも一変させます。日中に出現する雲は、その形に注目してください。造形的な形の雲の方がより印象は深まり、平凡な形の雲は印象が弱まります。

そこで、朝夕の時間帯にぜひ挑戦してください。形よりも色彩の方が印象深く感じる時があります。平凡な雲でも、深

お花畑と宝剣岳を作画。こちらは横位置で広がり感を強調している。撮影データ／ブロニカETRSi・40mmレンズ・絞りｆ22・シャッター自動・フジベルビア・PL使用

紅に染まるドラマチックさは劇的瞬間といえます。あらゆる山の自然に触れ、登山と、写真とを楽しんでください。

上：岩峰の頭をシルエットに、夕焼け雲と月を作画
下：ガスがわきあがる日没の瞬間を作画
撮影データ(上・下とも共通)／ブロニカETRSi・45-90mmズームレンズ・絞りｆ8・シャッター自動・フジベルビア

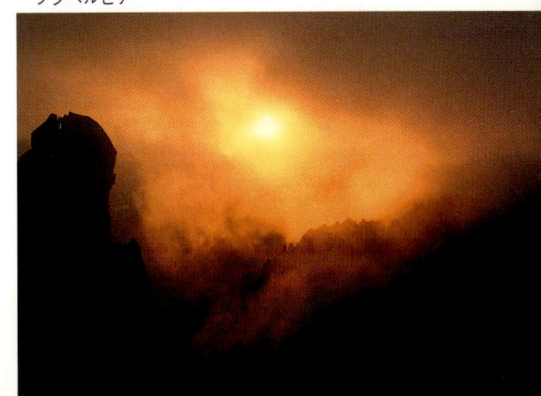

天狗岩と三ノ沢岳を画面下に、わきあがる雲を作画。曲線の雲は流動感が出る
撮影データ／ブロニカETRSi・45-90mmズームレンズ・絞りｆ11・シャッター自動・フジベルビアム・PL使用

8 仲仙寺 ▶ 経ガ岳

MAP 5 P24-25

● 中央アルプス最北端の由緒ある
信仰の独立峰を登拝する静かな山旅

中央アルプス ◆ 経ガ岳

日帰り
- 技術度
- 体力度
- 危険度

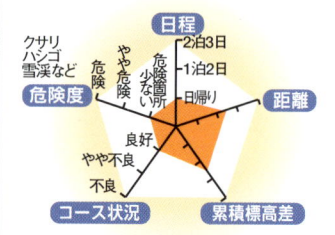

日帰り＝仲仙寺〜経ガ岳（往復）

● 歩行距離
14.5km

● 標高差
標高差＝1406m
（羽広〜経ガ岳）
累積標高差
＋1565m
−1565m

● 2万5000図
伊那
宮ノ越

COURSE-PLAN

経ガ岳へは近年横川渓谷から黒沢コースをたどる道が整備された。本項では歴史ある仲仙寺から信仰の道をたどる。最寄り駅からバス便が利用できるメリットも大きい。下山後は日帰り温泉で汗を流そう。登山適期は6月上旬〜10月下旬。

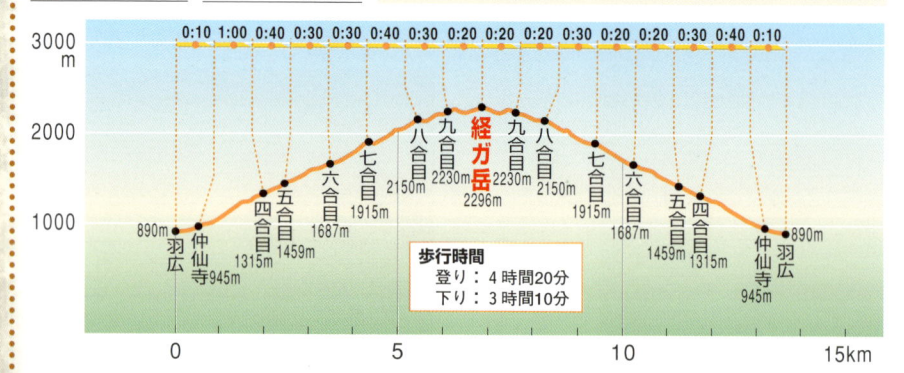

歩行時間
登り：4時間20分
下り：3時間10分

コース断面図：
羽広 890m — 仲仙寺 945m — 四合目 1315m — 五合目 1459m — 六合目 1687m — 七合目 1915m — 八合目 2150m — 九合目 2230m — 経ガ岳 2296m — 九合目 2230m — 八合目 2150m — 七合目 1915m — 六合目 1687m — 五合目 1459m — 四合目 1315m — 仲仙寺 945m — 羽広 890m

区間時間：0:10 / 1:00 / 0:40 / 0:30 / 0:30 / 0:40 / 0:30 / 0:20 / 0:20 / 0:20 / 0:30 / 0:20 / 0:20 / 0:30 / 0:40 / 0:10

八合目の展望台地から望む経ヶ岳。右の高点は九合目

日帰り　MAP⑤ P24-25
仲仙寺から経ヶ岳を往復

　起点駅はJR飯田線伊那市駅。駅前の信号を左に折れ、100mほど進むとバスターミナル。ここで伊那バス西箕輪線の羽広与地行きに乗り、羽広バス停下車。参道を進み、山門をくぐると仲仙寺。マイカーは駐車場まで上がれる。

　そもそもこの山における信仰の歴史は古く、頂上にイザナミノミコトとイザナギノミコトを祭った神社があったという。さらに時は流れて、慈覚大師が十一面観音の尊像を刻み、削りとった木片に如法経を写経し、経塚に納めたことに起因し、山頂に写経を納める山参りが、昭

交通機関・山小屋問合せ

博物館前の駐車場

伊那バス ☎0265-83-4115、白川タクシー ☎0265-72-2151、伊那タクシー ☎0265-76-5111、つばめタクシー ☎0265-72-3111

アドバイス Q&A

山男が経営する「岳」

みはらしの湯露天風呂

*1 バスに乗車するなど、時間調整にうってつけの「茶房・岳」が伊那市駅前にある。山の情報も得られる。壁面ギャラリーは好評。写真の個展が多いという。

*2 仲仙寺の前には伊那市考古博物館があり、仲仙寺と経ヶ岳の歴史に出会える。

*3 仲仙寺から南方に15分ほど歩くと、広大な敷地のみはらしファームがある。機織り、竹細工が体験できる工房、農産物直売所、手打ちそばの館もある。登山者は日帰り温泉「みはらしの湯」で汗を流せる。宿泊施設の羽広荘も好評。

和の中期まで続いていたらしい。そういえば、私が最初に登った今から20年ほど前、白装束の行者が鈴を鳴らし、ワラジを履いた姿で身軽に登っていった。山頂ではすでに到着していた行者が、経文の束を霊神像の前に置き、一心不乱に祈願する姿が印象的だった。

　それでは経ヶ岳へと登山をはじめよ

●JR飯田線　伊那市駅　─伊那バス 20分（460円）─　羽広　……　経ヶ岳（往復）　……　羽広　（往路の逆コース）

8 仲仙寺〜経ガ岳

上：経ガ岳の登山口に建つ仲仙寺。重厚な建造物で、境内は聖域にふさわしい趣がただよう

右下：前半はカラマツの混ざる木立の中を登山道がのびていく。行者が足しげく通った道を踏み進む

七合目の展望地から振り返り見た伊那市街。足下にはクマザサの中に野草が多く咲いている

上：かつて奥ノ院が存在した九合目。往時が偲ばれる
右：石組みの上に座る、多くの人を迎えてきた石仏

　う。まずは本堂で参拝したら出発。境内の北側から登山道を林の中へと入る。しばらくは山腹をからめて右へ登り、クマザサの茂るカラマツ林の中を進む。右に大泉(おおいずみ)ダムからの道が合流すると、直線的な道となって五合目に着く。ここから道は尾根の左側に移り、混生林の中を六合目へと登る。六合目から七合目の区間は、本コースの核心部で、最大の急登に汗が背中を濡らす。辛い区間なので、登山道の脇に可憐に咲く花たちを愛でながら、のんびり一歩一歩踏みしめよう。

　七合目は風が涼やかな展望地、休憩するのによい場所だ。ここから少し下って、登り返すと八合目に飛び出る。こんもりした丘状の大地には、ノアザミ、ヤナギラン、ミヤマシシウド、タカネニガナ、キオンなど大型の花がクマザサと背丈を競って咲いている。カラマツの枝越しには九合目の高点と、目指す山頂が見えている。昼食など大休止をとったら最後の登行に出発しよう。

　八合目からは広い道をわずかに下って、露岩の頭へと登りがはじまる。岩の

上は展望がきき、その先はクマザサが刈られていないと難儀をする区間が続き、九合目に出る。石組みが残る歴史遺産の跡地で、ひと息入れるのに都合のよい座石がある。ここからは緩やかに登下降を2回繰り返すと、待望の経ガ岳山頂である。二等三角点が中央にポツンと立つ。展望は林の中なので、あまりよくない。

　帰路は往路を忠実にたどる。

経ガ岳山頂。祈祷所にふさわしく、霊神碑や石仏が林立し、二等三角点も立っている

MAP 6 P26-27

白山社里宮▶風越山▶虚空蔵山

● 小気味よい道を踏んで、国の重要文化財、白山社奥宮を参拝するワンデイハイク

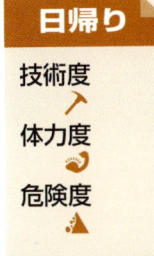

日帰り
- 技術度
- 体力度
- 危険度

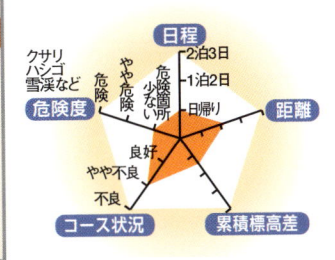

登山適期：高山植物／4月 新緑／5月 6月 夏／7月 8月 9月 秋／10月 紅葉／11月 冬／残雪期／積雪期

COURSE-PLAN

虚空蔵山は風越山の手前にあり、虚空蔵山を踏んで風越山にいたるコース、虚空蔵山の南側を巻いて風越山に直登するコースがある。本項では、水場がある後者の道をたどり、風越山直下の白山社奥宮に参拝し、帰りに虚空蔵山を回るコースとした。下山後は、登山口にほど近い温泉で汗を流す楽しみも加えると充実するだろう。5月下旬〜10月下旬が登山適期。6〜7月の入山は虫の発生が多いので、防虫スプレーがあると便利。

中央アルプス ◆ 風越山

この鳥居は白山社奥宮へと続く参道の起点

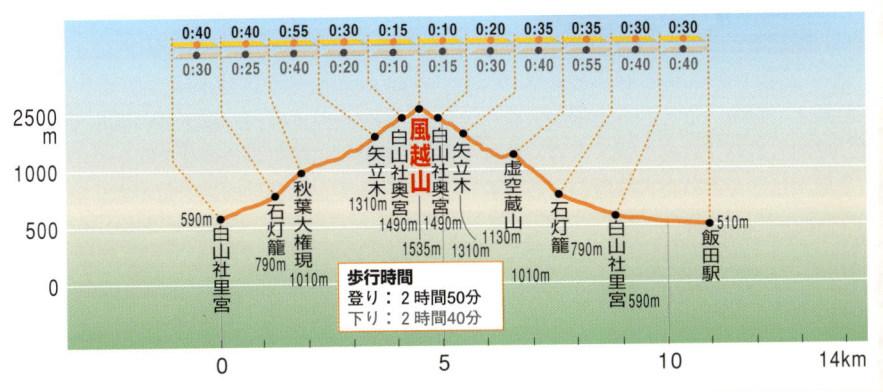

日帰り＝白山社里宮〜風越山〜虚空蔵山〜白山社里宮

- 歩行距離：11.5km
- 標高差：標高差＝945m（白山社里宮〜風越山）累積標高差 ＋1065m －1145m
- 2万5000図：飯田

コースタイム（上段：登り／下段：下り）

0:40 / 0:30 — 白山社里宮 590m
0:40 / 0:25 — 石灯籠 790m
0:55 / 0:40 — 秋葉大権現 1010m
0:30 / 0:20 — 矢立木 1310m
0:15 / 0:10 — 白山社奥宮 1490m
0:10 / 0:15 — 風越山 1535m
0:20 / 0:30 — 矢立木 1310m
0:35 / 0:40 — 虚空蔵山 1130m
0:35 / 0:55 — 石灯籠 790m
0:30 / 0:40 — 白山社里宮 590m
0:30 / 0:40 — 飯田駅 510m

歩行時間
登り：2時間50分
下り：2時間40分

JR飯田線 飯田駅 — タクシー5分（1000円） — 白山社里宮 — 風越山 — 白山社里宮（往路の逆コース）

75

9 白山社里宮〜風越山〜虚空蔵山

右上：登山口から急登を経て登り着いた石灯籠。緩やかな道が続く
右中：秋葉大権現の前。この分岐を左折する。右は帰りに利用する道
右下：風越山の小広い山頂。林の中なので展望は期待できない
左：標高1400mに展望台とよばれるところがあり、その下方から樹間越しに風越山が望める。左奥が山頂

日帰り MAP6 P26-27
白山社里宮から風越山・虚空蔵山

　起点駅はJR飯田線飯田駅。駅前からタクシー（5分）を利用して白山社里宮まで入る。白山社に参拝したら、登山口の桜ガ丘団地まで歩く。風越山方面の林道に進み、途中から右の登山道に入り、石灯籠まで登る。ここから道幅が広くなり、路面も良好。日向馬留、苦竹、蚕種石を順次見送ると秋葉大権現の分岐に着く。虚空蔵山への道を右に分け、左に進む。緩やかに山腹を巻いて行くと、名水が湧く延命水に着く。帰りに利用する虚空蔵山への道を分けると、ベニマンサク自生地の解説板の前に出る。

　このあたりから風越山山頂にかけては、マルバノキ（別名ベニマンサク）が多い。マンサク科の一属一種の低木で、紅葉の時期に暗紅紫色の花を咲かせる珍しい花木で、秋には山頂一帯が赤く染まる

風越山頂から反対側に少し下ると、石に刻んだ巨大な自然日夏耿之介の句碑がある

虚空蔵山の広場にあるあずまやは、休憩するのに最適

虚空蔵山の東側は樹林が切れ、飯田市街が俯瞰できる。好天ならその背後に南アルプスも望める

ほどに美しく、長野県の天然記念物でもある。

昔、参拝の登山者が隆盛のころ、野草を積んでは花売りをしたという花草原(はなくさはら)には、今もヤマホタルブクロやナデシコなどの花が見られる。軽トラックが走れそうな広い道は、巨大な矢を2本立てた矢立木(たてぎ)*2までだ。聖域の境で殿様が馬を降りた駐馬休みをすぎると、登山道の趣が増し、石段を登ると白山社奥宮に着く。手前の随神門とともに一見の価値がある。*3山頂へは、クマザサの中をいったん下って登り返す。林の中で展望はない。

山頂からは、延命水の手前まで往路を下り、登りの道を右に分け、虚空蔵山まで直進する。虚空蔵山は広場という感じだが、飯田市街の展望がいい。下山は、秋葉大権現まで下り、*4往路をたどる。

交通機関・山小屋問合せ

信南交通飯田バスセンター☎0265-24-0007（1日2往復）、タクシー：朝日交通☎0265-22-0373、いいだタクシー☎0265-22-1111

アドバイスQ&A

*1 マイカーの駐車場は白山社の前に数台と、桜ガ丘団地の先の林道に数台のスペースがある。

*2 矢立木の付近には、シシウドやタマアジサイが咲いている。

*3 風越山山頂の手前にロープをかけた岩場の急登が100mほどある。その上はクマザサが深いのでルートを見失わないように。

*4 白山社里宮から市街に10分ほど下ると、砂払温泉がある。年中無休。入浴料は510円。

由緒ある白山社里宮

白山社奥宮は国重要文化財

聖域を分ける駐馬巌碑

Column 中央アルプスの魅力 ❷ 飯田一と評判の寿司処「祥吉」

信州といえば信州そばが定番だが、山里の飯田にも旨い寿司屋がある。鮨処祥吉がそれだ。主人の矢澤信彦さんは東京で修行の後、飯田に店を構えて15年になるという。今も味にこだわり、全国の名店を食べ歩いては研究する職人。若狭湾、伊勢湾であがった新鮮なネタとシャリのバランスは、口にふくんだ時の香りと食感が抜群にいい。主人の技と愛情が生きている。三段ちらし、ばらずし、ウニ丼などメニューが豊富なのもいい。営業時間は午前11時30分〜午後2時、午後6時〜9時30分まで。☎0265-25-5552。

その日のネタを活かした主人おすすめのおまかせにぎりは、目にも鮮やか。箸休めの冷たい卵豆腐も絶妙

10 園原スキー場 ▶ 恵那山

中央アルプス ◆ 恵那山
MAP 7 P28-29

● 平安時代の遺産、いにしえの東山道の難所・神坂峠から日本神話の神代の山へ

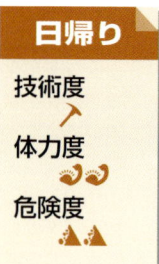

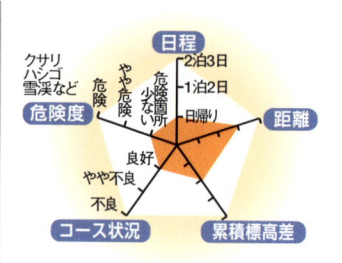

日帰り
- 技術度 ↗
- 体力度 👣
- 危険度 ⛰

日帰り＝ 園原スキー場〜神坂峠〜鳥越峠〜大判山〜恵那山（往復）

歩行距離
18.0km

2万5000図
中津川
伊那駒場

標高差
標高差＝590m
（富士見展望台〜恵那山）
累積標高差
＋1581m
−1581m

COURSE-PLAN

園原から恵那山へは本コースと広河原コースがある。紅葉は本コースがおすすめで、ロープウェイとリフトも利用できる。展望台から神坂峠までは、秋の期間限定バス便が便利。途中に水場がないので、山麓駅で水筒を満たしておこう。山頂駅からの下山は午後4時30分が最終なので要注意。登山適期は7月上旬〜10月下旬。

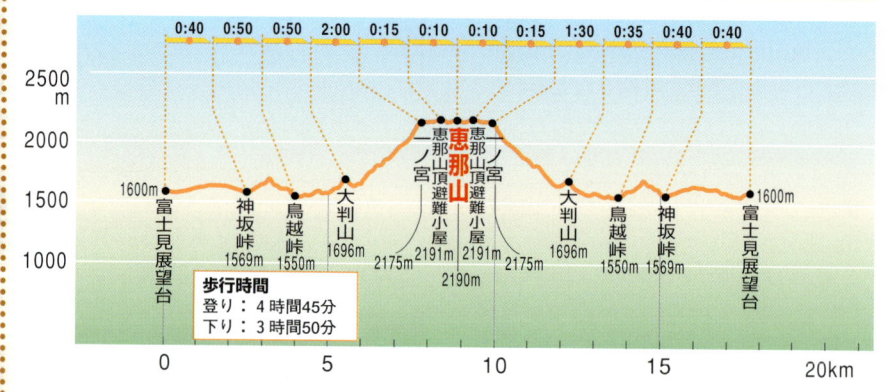

歩行時間
登り：4時間45分
下り：3時間50分

区間時間：0:40 / 0:50 / 0:50 / 2:00 / 0:15 / 0:10 / 0:10 / 0:15 / 1:30 / 0:35 / 0:50 / 0:40

ポイント：富士見展望台 1600m → 神坂峠 1569m → 鳥越峠 1550m → 大判山 1696m → 一ノ宮 2175m → 恵那山頂避難小屋 2191m → 恵那山 2190m → 恵那山頂避難小屋 2191m → 一ノ宮 2175m → 大判山 1696m → 鳥越峠 1550m → 神坂峠 1569m → 富士見展望台 1600m

アクセス：
JR飯田線 飯田駅 →（タクシー40分・7000円）→ 園原スキー場 →（ロープウェイ10分・2000円）→ 山頂駅 →（8分／←12分）→ リフト乗場 →（リフト8分・800円）→ 富士見展望台 → 恵那山 → 富士見展望台（往路の逆コース）

稜線上の一ノ宮から、恵那山を望む。樹齢100年以上のドウダンツツジの紅葉が山頂一帯を覆う

日帰り　MAP7 P28-29
園原スキー場から恵那山へ

　リフトを降りたところは富士見展望台、そこから神坂峠を目指す。すぐ先で車道に出て、右に進み、さらに先で林道に合流する。丁字路を右に入ると登山口の神坂峠。峠まではマイカーでも上がれ、駐車場は峠と、その先の右手にある。

　車道を分け、クマザサの茂る登山道に入り、気持ちのよい尾根通しの道を進む。富士見台を見わたせる小高い丘に出て、そこから右に曲がって鳥越峠まで下る。強清水からのコースが合流し、明るい平

神坂峠の登山口。向こう側は岐阜県、こちら側は長野県。右側に萬岳荘への道がのびている

交通機関・山小屋問合せ

スキー場のゴンドラ

🚖 いいだタクシー☎0265-22-1111、富士見台高原ロープウェイ・ヘブンス展望台リフト☎0265-44-2311

🏠 萬岳荘☎0265-43-2220（阿智村役場企画商工観光課）、恵那山山頂小屋☎0573-66-1111（中津川市商工観光課）

アドバイス Q&A

*1 ヘブンス園原スキー場までは、JR飯田線飯田駅からタクシーを利用する(40分)。名古屋、中津川からは直通バスも運行がある。マイカーは神坂峠付近の駐車場まで上がれる。

*2 ヘブンス園原スキー場は、富士見高原ロープウェイと展望台リフトの2基があり、乗り継ぎには約10分ほど歩く。リフトは6/17〜30まで整備のため運休。

*3 本コースをのんびり歩きたい人や、スキー場を朝一番に乗れない人は、神坂峠から南方へ徒歩約10分の萬岳荘（素泊のみ）に宿泊すると便利。

恵那山頂避難小屋

*4 ウバナギ、テングナギの崩壊地は、強風時の通過には要注意。

坦な路面を進み、先で森の中に入る。尾根に出ると、ウバナギとよばれる大崩落地帯を右下に見るようになり、展望がきく直線的な道を緩やかに登る。再び森の

神坂峠からいったん登り上げた、丘状の高まりから行く手を望む。大判山と恵那山が見える

左：クマザサの海が広がる大判山の山頂と、背後は恵那山。ここからかなり下って、登り返す
右：テングナギと、後方のウバナギ

中に入り、やがて大判山（おおばんやま）に着く。小広い場所で三角点が立つ。行く手の恵那山が、船の底を引っ繰り返したような山姿を見せている。

山頂からかなり下って高度を落とし、登り返していく。急登がはじまると分岐までハードな急斜面が連続する。分岐で前宮（まえのみや）コースを合わせると稜線漫歩が山頂まで続く。日本でも有数の多雨地帯のせいか、山体を覆う植物相が湿潤な雰囲気を醸し出している。遠景の南アルプスを眺めながら進むと、避難小屋の前に出る。

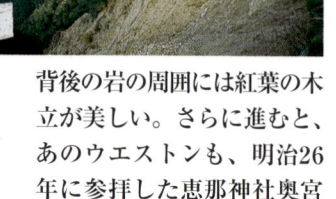

背後の岩の周囲には紅葉の木立が美しい。さらに進むと、あのウエストンも、明治26年に参拝した恵那神社奥宮と、山頂の広場に着く。帰路はバスの時間を計算して、早めに往路をたどろう。

恵那山の山頂に憩う登山者。ベンチがあり、休憩するには好都合。恵那神社奥宮は写真の奥

サブコース 2

MAP 7 P28-29

広河原コースから恵那山へ

このコースはマイカーかタクシーで登山口まで上がる。中央自動車道園原ICを出て、神坂峠への林道を入ると、神坂峠までの途中に登山口の指導標が立っている。

川を渡って右岸を少し下り、山腹に取り付き、30cmほどの石を敷き詰めた階段状を登る。道は細いが歩きやすい。最初が急登で、ジグザグを切って高度を上げる。直線的になると道は広くなり展望もきく。クマザサと紅葉が優美な道から原生林の中に入ると山頂は近い。恵那神社奥宮に参拝したら往路をたどって下山しよう。

参考コースタイム

登山口（5分→←5分）徒渉点（1時間40分→←1時間）稜線（1時間50分→←1時間20分）恵那山

右上：広河原コースの登山口。駐車スペースは8台分ほど
右下：登山口から河原に下りると橋がある。増水時は要注意
下：前半は、落ち葉のジュウタン状の道を踏みしめての登り

10 園原スキー場〜恵那山

南アルプス南部

お花畑では華麗な花が一面に咲き乱れ、南アルプス南部の山特有の緑鮮やかにそびえる残雪の山々とともに、すばらしい光景が待っている。

●千枚岳
●兎岳 
●茶臼岳 
●仁田岳  
●易老岳 
●笊ガ岳  
●荒川三山 
●光岳 
●赤石岳 
●大無間山 
●聖岳

荒川三山・赤石・聖・光 広域図

MAP ⑩ (P86-87)
MAP ⑪ (P88-89)

奥三界岳 ▲1811
木曽福島へ
おおくわ
大桑村
仙涯嶺 ▲2734
駒ヶ根へ
いいじま
飯島町
越百山 ▲2613
陣馬形山 ▲1445
奥念丈岳 ▲2303
安平路山 ▲2363
念丈岳 ▲2291
中川村
じゅうにかね
南木曽町
なぎそ
▲2169
摺古木山
松川IC
いなおおしま
松川町
二ツ森山 ▲1223
さかした
南木曽岳 ▲1677
大平峠 ▲1636
風越山 ▲1535
高森町
いちだ
豊丘村
大西山 ▲1741
笠置山 ▲1128
なかつがわ
中央本線
木曽川
中央自動車道
清内路村
兀岳
飯田市
飯田IC
いいだ
鬼面山 ▲1889
木曽川
中津川市
恵那山トンネル
園原IC
梨子野山 ▲1314
阿智村
喬木村
ときまた
てんりゅうきょう
恵那IC
えな
中津川IC
恵那山 ▲2191
金森山 ▲1703
恵那市
明智鉄道
焼山 ▲1709
鯉子山 ▲1590
大川入山 ▲1908
下條村
亀沢山 ▲1359
天竜川
泰阜村
みずなみ
三森山 ▲1100
▲1664
蛇峠山
阿南町
飯田線
白倉山 ▲1851
瑞浪市
あけち
平谷村
天龍村
ひらおか
黒沢山 ▲2123
名古屋へ
矢作川
根羽村
売木村
熊伏山 ▲1653
かぐらの湯
夏焼城ガ山 ▲889
茶臼山 ▲1415
八嶽山 ▲1140
観音山 ▲1418
前黒法師山 ▲1782
段戸山 ▲1152
豊根村
日本ガ塚山 ▲1107
みさくぼ
鋸山 ▲1668
箸ガ岳 ▲985
神野山 ▲938
高塚山 ▲1621
寧比曽岳 ▲1052
大鈴山 ▲1012
あいづき
京丸山 ▲1469
出来山
設楽町
東栄町
ちゅうぶてんりゅう
豊田市
鞍掛山 ▲883
明神山 ▲1016
うらかわ
巴川
宇連山 ▲929
とうえい
気田川
秋葉山 ▲885
春埜山 ▲883
鳳来寺山 ▲695
みかわかわい
ゆやおんせん
岡崎市
本宮山 ▲789
本宮山 ▲549
ほんながしの
船着山 ▲427
しんしろ
音羽蒲郡IC
新城市
森町
音羽町
豊川市
富幕山 ▲563
浜松市
にしかじま
掛川市
豊川IC
とよかわ
慰ガ峰 ▲424
袋井市
東名高速道路
三ヶ日IC
天竜浜名湖鉄道
名古屋へ
豊橋市
石巻山
きが

北岳
3192
2780
薬師岳
千頭星山
2139
二児山
2243
間ノ岳
3189
安倍荒倉岳
2693
農鳥岳
3051
入山
2186
MAP ⑨（P84-85）
白河内岳
2813
大鹿村
塩見岳
3047
三伏峠
2865
蝙蝠岳
白剥山
2237
奈良田温泉
西山温泉
源氏山
1908
小河内岳
2802
板屋岳
2646
東岳
（悪沢岳）
3141
荒川岳
3083
転付峠
奥茶臼山
2474
高山
2212
赤石岳
3120
大沢岳
2819
中盛丸山
兎岳
2818
聖岳
3013
生木割
2539
笊ガ岳
2629
早川町
MAP ⑫
（P90-91）
1640
富士見山
2584
雨畑湖温泉
上河内岳
2803
布引山
2405
稲又山
2406
青薙山
易老岳
茶臼岳
2604
2354
加森山
光岳
2591
青笹山
2209
七面山
1989
八紘嶺
1918
身延山
1153
池口岳
2392
信濃俣
2332
畑薙第一ダム
白樺荘
2014
梅ケ島温泉
ノ尾根山
大根沢山
2239
小無間山
2150
山伏
笹山
1763
大光山
1661
十枚山
1726
1394
篠井山
不動岳
2171
2329
大無間山
MAP ⑬
（P92-93）
盆岳
2066
朝日岳
1827
いかわ
黒法師岳
1943
前黒法師岳
寸又峡温泉
接岨峡温泉
せっそきょうおんせん
富士見峠
1558
青笹
高ドッキョ
1134
沢口山
1425
七ツ峰
1533
真富士山
1343
おくいずみ
麦粒山
1627
川根本町
せんず
1374
大札山
高山
1095
するがとくやま
1083
無双連山
突先山
1022
牛ガ峰
717
竜爪山
1051
文珠山
1041
しもいずみ
大井川鉄道
高根山
871
びく石
526
菩提山
677
川根町
高山
832
ふくよう
千葉山
496
岡部町
藤枝市
焼津IC
島田市
ふじえだ
焼津市
やいづ
しまだ
かなや
東海道新幹線
吉田IC
大井川町
静岡市
しずおか
静岡IC
清水IC
しみず
駿河湾
沼津市
伊豆市
西伊豆町
甲府市
こうふ
山梨市
甲州市
新宿へ
中央本線
白根IC
甲府昭和IC
笛吹市
一宮御坂IC
中央自動車道
南アルプス市
甲府南IC
櫛形山
2052
中央市
増穂町
芦川村
黒岳
1793
富士河口湖町
節刀ガ岳
1736
かじかざわぐち
鰍沢町
市川三郷町
1271
蛾ガ岳
河口湖
西湖
かいいわま
鳴沢村
本栖湖
雨ガ岳
1772
富士スバルライン
身延町
下部温泉
1964
毛無山
富士山
3776
みのぶ
長者ガ岳
1336
1330
天子ガ岳
身延線
南部町
思親山
1031
うつぶな
富士宮市
いで
芝川町
ふじのみや
富士市
富士IC
東名高速道路
富士川町
浜石岳
707
ゆい
しんふじ
東海道本線
東京へ
0
20km

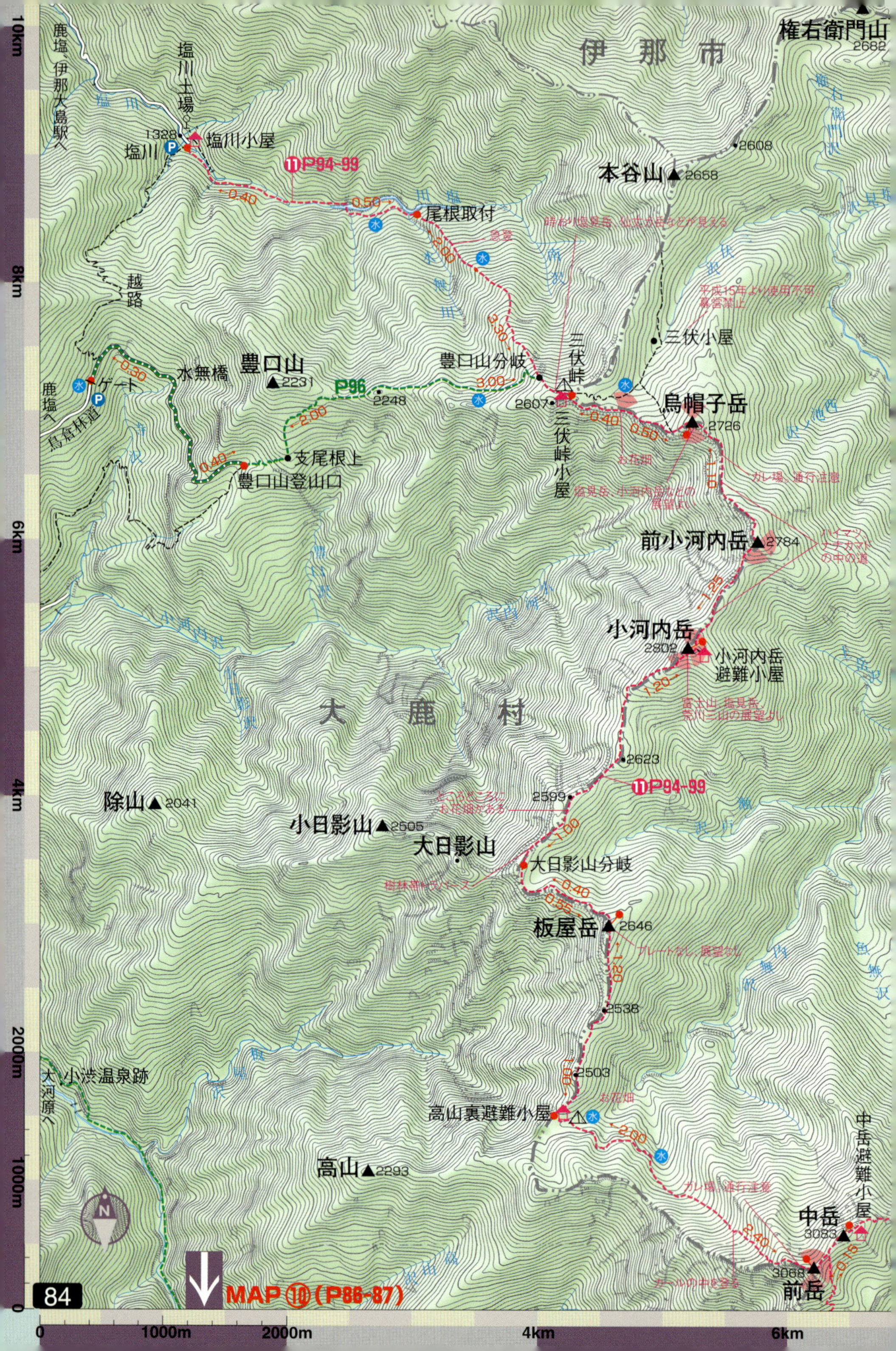

伊那市
権右衛門山
2682
鹿塩、伊那大島駅へ
塩川土場
1328
塩川
塩川小屋
11 P94-99
0.40
0.50
尾根取付
急登
2.00
2608
本谷山
2658
晴れれば塩見岳、仙丈ヶ岳などが見える
平成15年より使用不可
幕営禁止
三伏小屋
越路
3.30
豊口山
2231
水無橋
0.30
ゲート
鹿塩へ
鳥倉林道
P96
2248
豊口山分岐
3.00
三伏峠
2607
三伏峠小屋
0.40
0.50
烏帽子岳
2726
2.00
支尾根上
0.40
豊口山登山口
お花畑
塩見岳、小河内岳などの展望よし
1.10
ガレ場、通行注意
前小河内岳
2784
ハイマツ、ナナカマドの中の道
1.25
小河内岳
2802
小河内岳避難小屋
1.20
富士山、塩見岳、荒川三山の展望よし
大鹿村
2623
11 P94-99
ところどころにお花畑がある
2599
除山
2041
小日影山
2505
1.00
大日影山
大日影山分岐
樹林帯のトラバース
0.40
0.55
板屋岳
2646
プレートなし、展望なし
1.20
2538
2503
1.00
お花畑
高山裏避難小屋
2.00
大河原へ
小渋温泉跡
高山
2293
ガレ場、通行注意
中岳避難小屋
中岳
3083
0.15
0.40
前岳
3068
ガレの中を登る
0
1000m
2000m
4km
6km

MAP ⑩（P86-87）

MAP ⑨

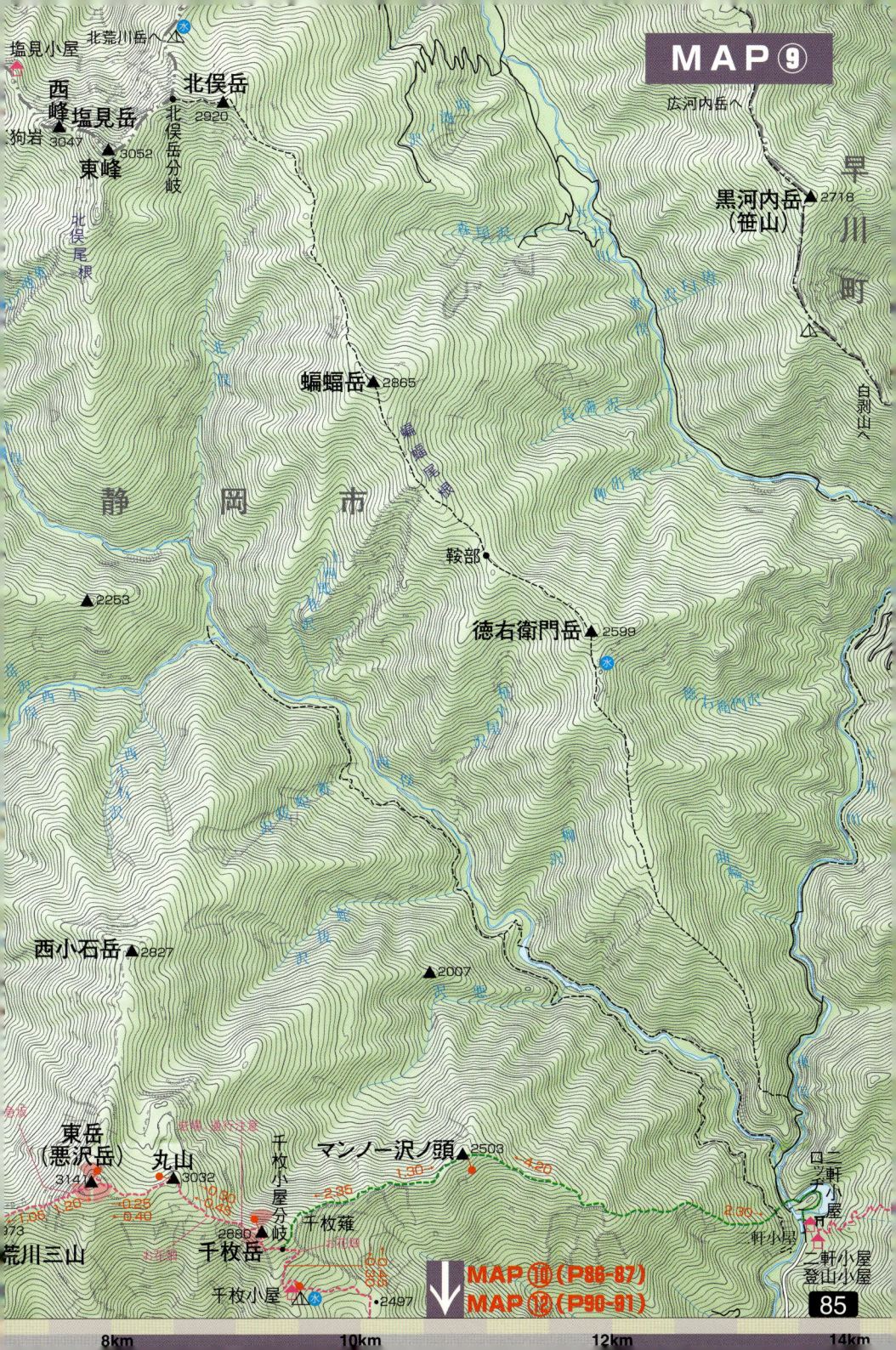

- 塩見小屋
- 北荒川岳へ
- 西峰 塩見岳 3047
- 狗岩
- 東峰 3052
- 北俣岳 2920
- 北俣岳分岐
- 北俣尾根
- 広河内岳へ
- 黒河内岳(笹山) 2718
- 早川町
- 白剥山へ
- 蝙蝠岳 2865
- 蝙蝠尾根
- 静岡市
- 鞍部
- 徳右衛門岳 2599
- ▲2253
- 西小石岳 ▲2827
- ▲2007
- 東岳(悪沢岳) 3141
- 丸山 3032
- 千枚小屋分岐
- 千枚岳 2880
- 千枚薙
- マンノー沢ノ頭 2503
- ▲2497
- 荒川三山
- 千枚小屋
- 二軒小屋
- 二軒小屋登山小屋

↓ MAP ⑩ (P86-87)
MAP ⑫ (P90-91)

8km　10km　12km　14km

MAP ⑨（P84-85）
MAP ⑪（P88-89）
⑪P94-99
⑬P110-115
P96
小渋温泉跡
湯折
伊那大島駅へ
鉄橋
高山 2293
高山裏避難小屋
2503
2533
井戸川ノ頭
大鹿村
中岳
3083
前岳
3068
中岳避難小屋
2694
荒川小屋
1192
広河原小屋
1572
2011
舟窪
2699
大聖寺平
タマシ平
2698
小赤石岳の肩
3030
小赤石岳
3081
ラクダの背
3044
北沢カール
北沢源頭
3120
赤石岳
赤石岳避難小屋
馬ノ背 2827
百間洞露営地
2628
百間平
2782
百間洞山ノ家
大沢渡へ
唐松峠
大沢岳 2819
ガレ場
中盛丸山 2807
静岡市
小兎岳
2738
飯田市
兎岳
2799
2696
兎岳避難小屋（荒廃）
白蓮ノ頭
2632
聖岳東尾根
聖岳
奥聖岳
2978
2796
前聖岳
3013
架線小屋
10km
8km
6km
4km
2000m
1000m
0
1000m
2000m
4km
6km

MAP ⑩

MAP ⑨ (P84-85)

- 東岳 (悪沢岳) 3141
- 丸山 3032
- 荒川三山
- 千枚小屋分岐
- マンノー沢ノ頭 2503
- 二軒小屋
- 二軒小屋登山小屋
- 千枚岳 2880
- 千枚薙
- 千枚小屋
- 2497
- 2418
- ⑪P94-99
- ⑫P100-105
- 千石大橋
- 車屋沢橋
- 見晴岩
- 蕨段 2073
- 静岡市
- 1980
- 清水平 1772
- 東俣林道
- 保利沢山南コル
- 天上小屋山
- 富士見平 2701
- 赤石小屋 2564
- ⑫P100-105
- ⑬P110-115
- 2325
- 小石下 1586
- 木賊
- 木賊橋
- 早川町
- 生木割 2539
- 2027
- カンバ段
- 吊橋
- 滝見橋
- 鉄塔 1372
- 1405
- 牛首峠
- 椹島ロッヂ
- 椹島登山小屋
- 赤石沢橋
- 1857
- 生木割分岐
- 草地のコル
- ⑮P128-132
- 鳥森山 1671
- 畑薙第一ダムへ

MAP ⑫ (P90-91)

87

MAP ⑪

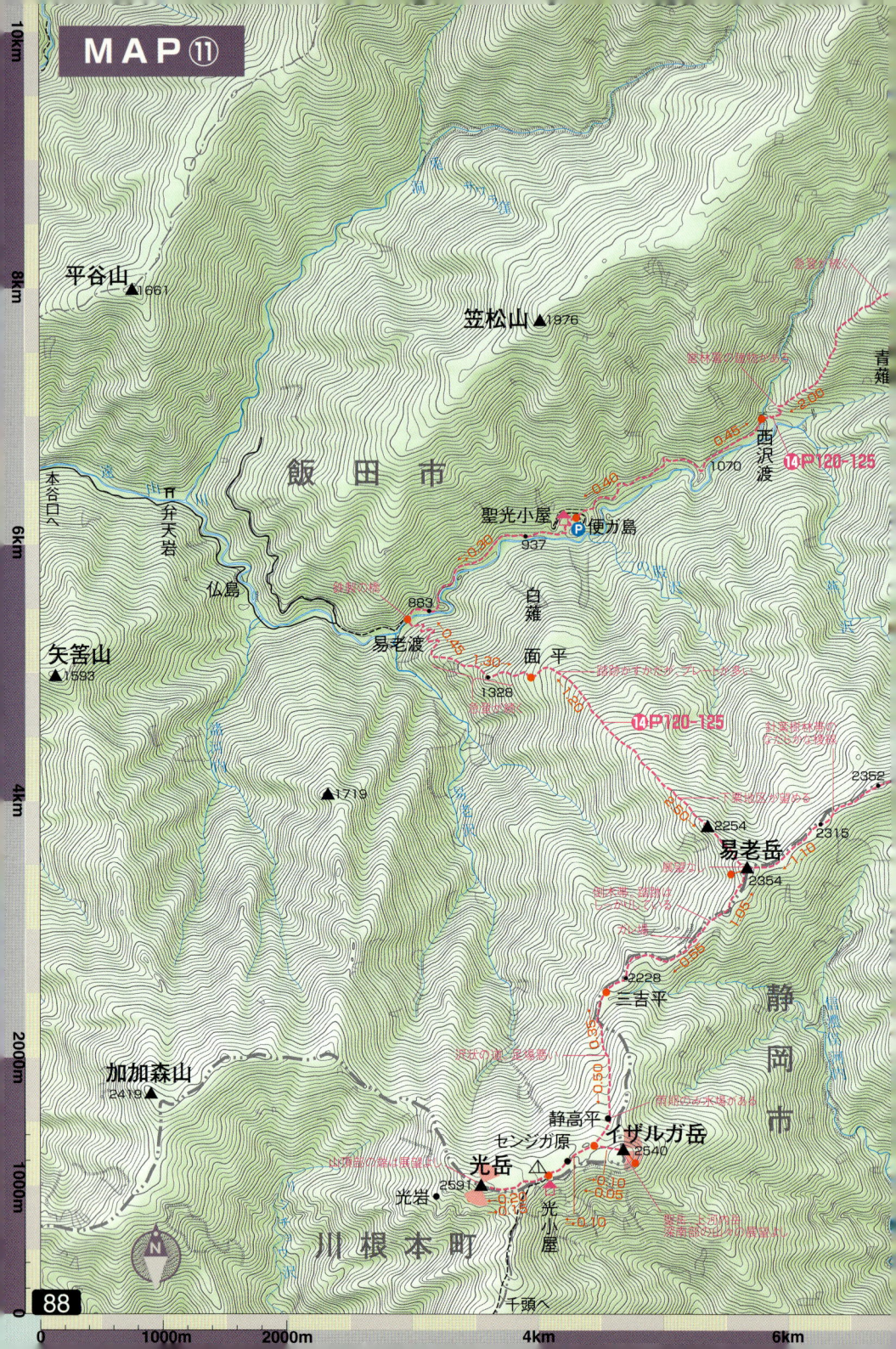

- 平谷山 ▲1661
- 笠松山 ▲1976
- 飯田市
- 本谷口へ
- 弁天岩
- 仏島
- 西沢渡 1070
- 聖光小屋
- 便ガ島
- 937
- 883
- 易老渡
- 白雉
- 面平 1328
- 矢筈山 ▲1593
- ▲1719
- 2352
- ▲2254
- 2315
- 易老岳 ▲2354
- 2228
- 三吉平
- 静岡市
- 加加森山 ▲2419
- 静高平
- センジガ原
- イザルガ岳 ▲2540
- 光岳 ▲2591
- 光岩
- 光小屋
- 川根本町
- 千頭へ

N

MAP ⑩（P86-87）
小聖岳
2662
架線小屋跡
聖沢大滝
椹島へ
聖岳登山口
赤石ダム
乗越
伐採跡
2011
聖沢吊橋
1315
出会所小屋
聖沢橋
1418
滝見台
慰霊碑
2303
⑬P110-115
薊畑
2478
薊畑分岐
2314
聖平小屋
2383
赤石トンネル
2561
南岳
2702
飯田市
上河内岳
2803
竹内門
上千枚山
2359
2549
⑭P120-125
2555
茶臼岳
2604
茶臼小屋
榛段
1932
静岡市
希望峰
2505
横窪沢小屋
P126
横窪峠
中ノ段
ウソッコ沢小屋
二田岳
2524
畑薙橋
池ノ平
畑薙山
1836
ヤレヤレ峠
畑薙大吊橋
枯木戸橋
コモギ沢橋
1876
950
沼平
登山指導センター
ゲート
畑薙第一ダムへ0.20
8km
10km
12km
14km

地図

静岡市

主な地点・山名
- 東海・悪沢岳
- 千枚小屋分岐
- マンノー沢ノ頭 ▲2503
- 千枚岳 ▲2880
- 千枚薙
- 二軒小屋ロッヂ
- 展望台
- 転付峠
- 二軒小屋
- 二軒小屋登山小屋
- 鶴翁橋
- 千枚小屋
- ・2497
- ・2413
- ・2046
- ・2155
- 保利沢山北コル
- 千石大橋
- 車屋沢橋
- 保利沢山 ▲2379
- 見晴台
- 蕨段 ▲2073
- ・1980
- ・2382
- 保利沢山南コル
- 清水平
- ・1854
- ・772
- 天上小屋山
- 東俣林道
- 木賊
- 木賊橋
- 小石下 ▲1586
- 生木割 ▲2539
- 偃松尾
- 赤石小屋へ
- ・2027
- 偃松尾南コル
- カンバ段
- 吊橋
- 滝見橋
- 鉄塔 ・1372
- 生木割分岐
- 草地のコル
- ・1857
- ・1405
- 牛首峠
- 椹島ロッヂ
- 椹島登山小屋
- 上倉沢徒渉点
- 赤石沢橋
- ・2444
- 椹島下降点
- 聖沢登山口へ
- 笊ヶ岳 ▲2629
- 鳥森山 ▲1571
- 小笊
- 布引山へ
- 倉沢コル
- 奈良田越へ

ページ参照
- ⑪P94-99
- ⑫P100-105
- MAP① P88-93
- ⑮P128-132
- ⑬P110-115

90

MAP ⑫

P133

東京電力
保利沢小屋

奈良田へ

明川トンネル 1192
田代入口
小之島トンネル
新倉

広河原
田代登山口
田代川発電所

▲1564

▲1823

▲1160

中洲
大原野
ヘルシー美里
野鳥公園
早川北小
塩島

早川町

大黒山 ▲1922

▲1316

西之宮
宝竜寺
黒柱

西之宮

大武刀尾根

向石
保
早川町民会館
早川中
西保川温泉

草塩温泉
草塩温泉

常昌院

▲1828
大金山 ▲1310

996

627

91

8km　　10km　　12km　　14km

MAP ⑬

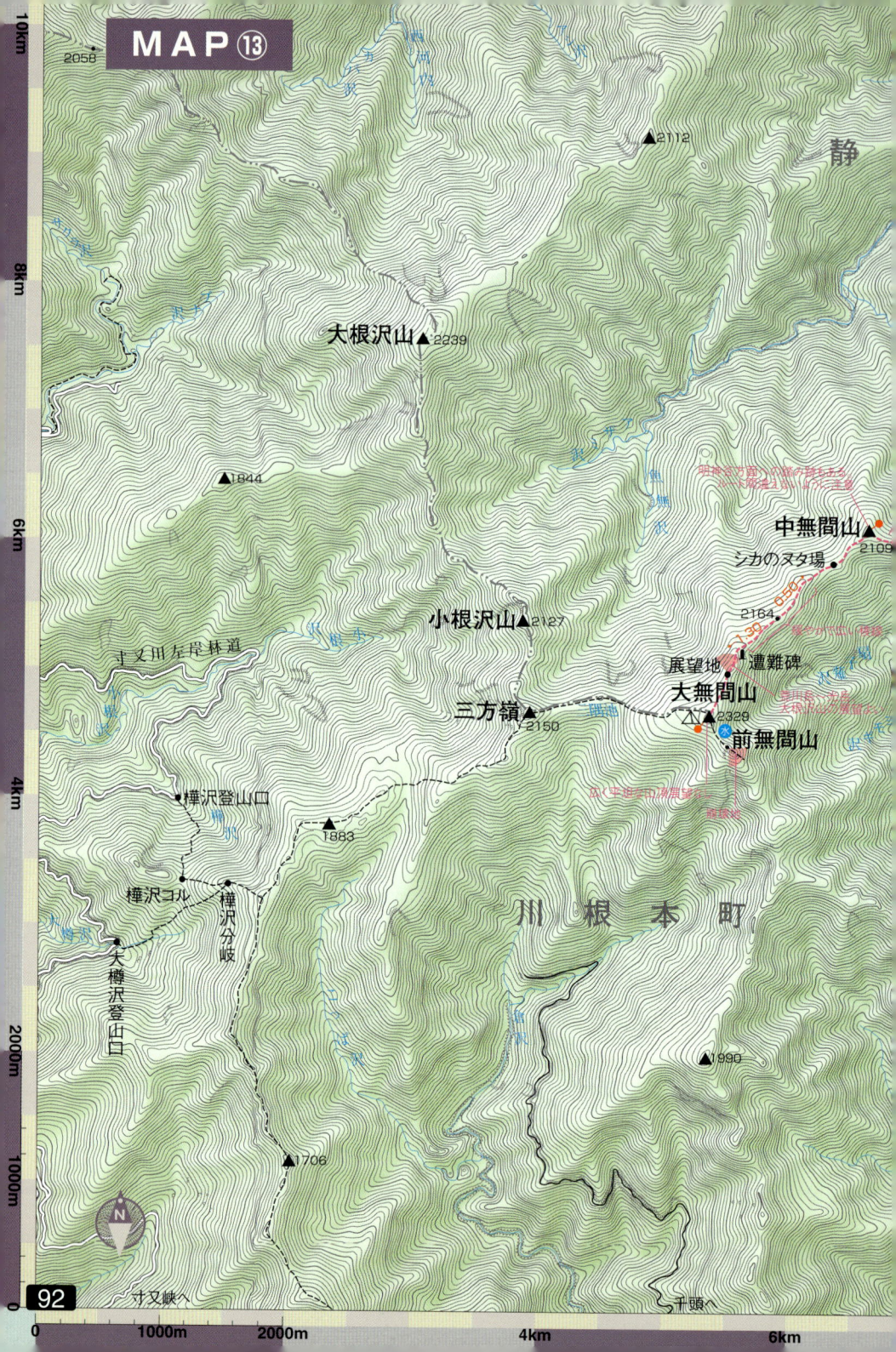

- ▲2058
- ▲2112
- 大根沢山 ▲2239
- ▲1844
- 中無間山 ▲2109
- シカのヌタ場
- 2164
- 小根沢山 ▲2127
- 寸又川左岸林道
- 展望地
- 遭難碑
- 三方嶺 ▲2150
- 大無間山 ▲2329
- 前無間山
- 樺沢登山口
- ▲1883
- 樺沢コル
- 樺沢分岐
- 川根本町
- 静
- 大樽沢登山口
- ▲1990
- ▲1706
- N
- 寸又峡へ
- 千頭へ

92

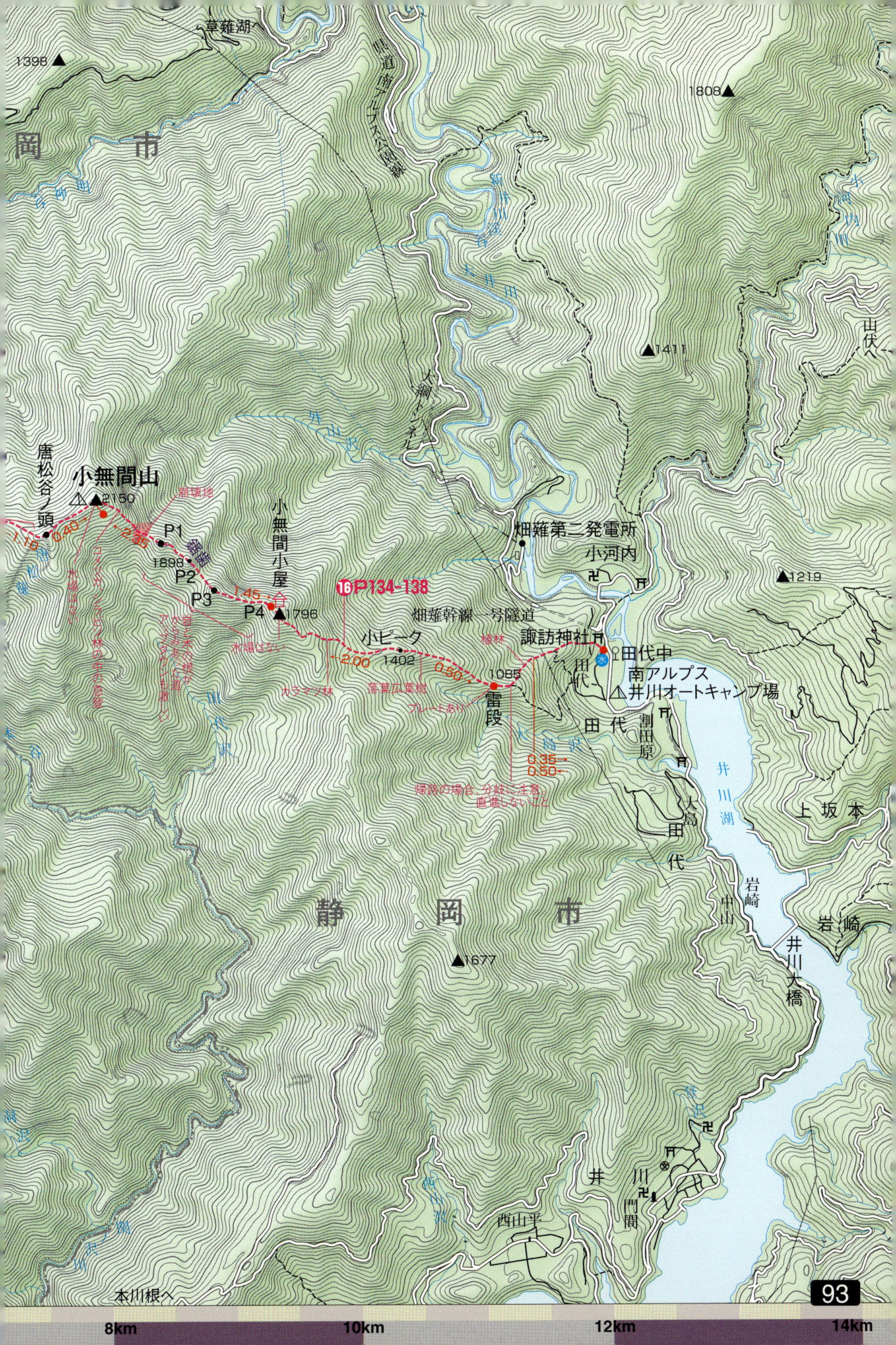

草薙湖へ
1398
1808
岡　市
県道南アルプス公園線
大井川
1411
山伏へ
唐松谷ノ頭
小無間山
2150
P1
1898
P2
P3
P4
1796
小無間小屋
16 P134-138
小ピーク
1402
雷段
1085
畑薙第二発電所
小河内
1219
畑薙幹線一号隧道
諏訪神社
田代中
南アルプス
井川オートキャンプ場
田代
割田原
井川湖
上坂本
大島
岩崎
中山
井川大橋
静　岡　市
1677
井　川
西山平
本川根へ
8km
10km
12km
14km

11 三伏峠 ▶ 荒川三山 ▶ 千枚岳

MAP 9 P84-85　MAP 10 P86-87

南アルプス南部 ◆ 荒川三山

● 静かな縦走路を経て、アルペンムードの高山へ。ハイマツに覆われた小河内岳も見もの。

3泊4日

技術度 ✕✕
体力度 👣👣👣
危険度 ⚠⚠

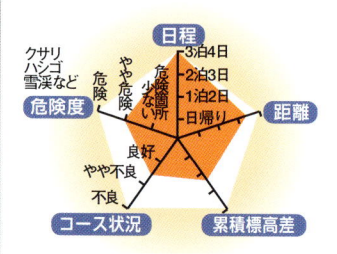

- 第❶日＝塩川小屋〜三伏峠
- 第❷日＝三伏峠〜小河内岳〜高山裏避難小屋
- 第❸日＝高山裏避難小屋〜荒川三山〜千枚岳〜千枚小屋
- 第❹日＝千枚小屋〜清水平〜椹島

COURSE-PLAN

　塩川小屋から三伏峠は標高差1300m近くあるが、意外と順調に登りきることができる。ただ高山裏まで進むには時間がかかりすぎるし、小河内岳の避難小屋には水がないという状況なので、三伏峠泊まりが無難だろう。2日目は高山裏で、3日目は千枚小屋泊まりとして歩いてみよう。4日目は千枚小屋から下っても、送迎バスの発車時刻に間に合うので、全体の行程には余裕がある。

●歩行距離
- 第1日＝4.5km
- 第2日＝9.0km
- 第3日＝7.0km
- 第4日＝10.5km
- 総　計＝31.0km

●標高差
- 標高差＝1811m（塩川〜悪沢岳）
- 累積標高差
- 第1日＝＋1258m　　－12m
- 第2日＝＋669m　　－846m
- 第3日＝＋1159m　　－665m
- 第4日＝＋86m　　－1575m
- 総　計＝＋3172m　　－3098m

●2万5000図
- 信濃大河原
- 塩見岳
- 赤石岳

上：登山口であり下山口でもある三伏峠。常に人が多い。三伏峠小屋は2001年に新築された
左：蕨段付近の見晴岩から遠望する赤石岳。左奥が3120mの赤石岳本峰、中央の巨大な山姿は小赤石岳

第1日 MAP⑨ P84-85
塩川から三伏峠へ

　JR飯田線の伊那大島駅から塩川行きのバスが出ているが、時期と本数が限ら

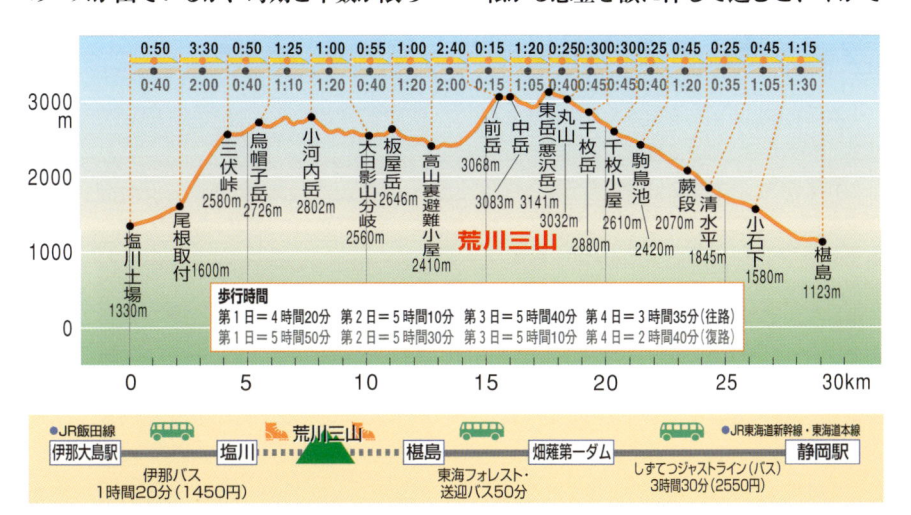

れているので、事前に確認が必要だ。塩川からの歩きはじめは川沿いに落葉広葉樹の下を歩く。流れを何度か渡り返し、南から出合う沢をすぎてカラマツの林に入る。
　尾根の取り付きは落葉広葉樹と針葉樹のやや急な登りだ。岩と木の根が露出しているが、道はしっかりしている。岩の転がる急登を額に汗して進むと、やがて

歩行時間
第1日＝4時間20分　第2日＝5時間10分　第3日＝5時間40分　第4日＝3時間35分（往路）
第1日＝5時間50分　第2日＝5時間30分　第3日＝5時間10分　第4日＝2時間40分（復路）

- JR飯田線　伊那大島駅　─伊那バス 1時間20分（1450円）─ 塩川　─荒川三山─ 椹島　─東海フォレスト・送迎バス50分─ 畑薙第一ダム　─しずてつジャストライン（バス）3時間30分（2550円）─ JR東海道新幹線・東海道本線　静岡駅

11 三伏峠〜荒川三山〜千枚岳

尾根が広くなり、傾斜も緩やかになる。あたりは静かな針葉樹林帯である。
　豊口山からの道が右手から合流すると三伏峠は近い。平らになった道を進むと新しい三伏峠小屋の前に飛び出す。南アルプス南部の主要な入下山の場所だけあって、登山者が多い。早い時間に着いた場合は、小屋から10分ほどのところにあるお花畑まで散歩してみよう。緩やかな斜面に広がるお花畑と、形よく座った塩見岳が絵になっている。

前小河内岳からのパノラマ。右が小河内岳で、山頂までハイマツにびっしりと覆われている

第2日　MAP9 P84-85
三伏峠から稜線を高山裏避難小屋へ

　三伏峠小屋からは昨日のお花畑を通り抜け、烏帽子岳までナナカマドとハイマツの急な稜線を登っていく。烏帽子岳からは、西に崩れたガレ場の縁を進み、下りきったところからハイマツとナナカマドの中を登る。
　2784mのピークは前小河内岳とよばれている。山頂からはびっしりと生えた

広々とした小河内岳山頂でくつろぐ登山者。奥に連なる山並みは巨大な荒川三山

ハイマツをかき分け、小ピークを2つほど越えると2802mの小河内岳に着く。塩見岳や荒川三山の眺めがよい。
　山頂からはざらついた道をしばらく下

サブコース 1　　　　　　　　　MAP9 P84-85
鳥倉林道 ▶ 豊口山コース ▶ 三伏峠

　大鹿村の鹿塩または大河原から鳥倉林道を進み、途中の車止めまで乗り入れ可能。ただし、駐車スペースが少ないのでタクシー利用が望ましい。伊那大島駅から鳥倉林道ゲートまでは、タクシーでおよそ40分、料金は8000円前後。
　車止めから登山道入口まで林道を歩く。登山道に入り、小尾根に出たら北方向へ登る。豊口山の山頂は通らず、三伏峠寄りの鞍部へ緩やかに進む。尾根をたどり、塩川からの道と合流すると峠は近い。シラビソの間から本谷山を眺め、三伏峠小屋前の広場に出る。

参考コースタイム
鳥倉林道終点（40分→←30分）豊口山コース登山口（2時間30分→←1時間30分）分岐（30分→←20分）三伏峠

豊口山コースの登山口。登山届用のボックスに届けを入れて出発しよう

小河内岳から高山裏方面に続く樹林の稜線

る。再び登り返し、ハイマツやダケカンバ、針葉樹が混在する樹林帯に入るあたりから道は緩やかになる。

大日影山(おおひかげやま)は山頂東側の樹林帯をトラバースし、砂地の鞍部に出る。この広々とした鞍部では、涼しい風を受けながら、しみじみと山深さを味わうことができるだろう。

鞍部の東に見える尖峰の東側をトラバースし、再び砂地のガレ上部に出る。このトラバース道はダケカンバ林を通過している。ガレ上部からひと息登れば板屋岳(いたやだけ)だ。残念ながら頂上からの展望はない。

板屋岳からは緩やかに下っていく。途中ガレ場の縁を通過するので、足元をよく見て進もう。小屋まで1kmという標識を通りすぎ、平坦な道をわずかに歩くと下りの傾斜が急になる。針葉樹が途切れ、南東斜面にお花畑が現れる。お花畑の下に赤い屋根の高山裏避難小屋(たかやまうら)が見えている。

第3日　MAP⑨ P84-85　MAP⑩ P86-87
荒川三山を経て千枚小屋へ

高山裏避難小屋から針葉樹林の中を緩やかに登る。やがてカールの下部にたど

交通機関・山小屋問合せ

バスの終点、塩川小屋

新装なった三伏峠小屋

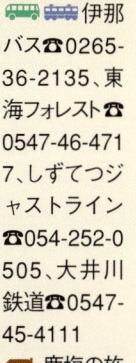

展望に恵まれた中岳避難小屋

伊那バス☎0265-36-2135、東海フォレスト☎0547-46-4717、しずてつジャストライン☎054-252-0505、大井川鉄道☎0547-45-4111

鹿塩の旅館はP142参照。塩川小屋☎0265-39-2646、三伏峠小屋☎0265-39-3110（山塩館）、小河内岳避難小屋・高山裏避難小屋・荒川中岳避難小屋・千枚小屋・椹島ロッヂ・椹島登山小屋☎0547-46-4717（東海フォレスト・サービス事業部）

アドバイスQ&A

Q 三伏峠のお花畑に咲く花は？
A このお花畑にはタカネマツムシソウやハクサンフウロ、ミヤマシシウド、タカネコウリンカ、トモエシオガマ、ホソバトリカブトが多く、これらはすべて日本固有種である。中でもミヤマシシウドは1m近くの高さがあり圧巻だ。ただ、南側はすっぱりと切れ落ちた大きいガレ場なので充分注意していただきたい。

Q 千枚岳の岩場は危険？
A 登りはいいとしても、下る時はかなり神経を使う。斜面につけられた道は崩れやすいので充分注意して通過しよう。今日一日の疲れが出はじめたころなので、気を引き締めて行動したい。

11 三伏峠～荒川三山～千枚岳

り着く。前岳まではきつい登りが続くので、ペース配分に気をつけたい。やせた稜線の西側は荒涼とした荒川大崩壊地。タカネツメクサの咲く岩稜部をすぎれば3068mの前岳山頂である。山頂から5分も歩けば荒川小屋への分岐で、南東斜面にはカールが見られる。中岳頂上の三角点をすぎるとすぐに中岳避難小屋だ。

最低鞍部まで緩やかに下り、チシマギキョウの多い稜線を登りきれば、北岳、間ノ岳に次ぐ南アルプス第3位の高峰、東岳(悪沢岳)に登り着く。

東岳からは石が積み重なる稜線を注意

荒川中岳の山頂と東岳。南アルプス全体が大パノラマで広がる絶好の場所。荒川中岳避難小屋はすぐ近く

しながら丸山へ向かって下っていく。イワオウギの群落が広がる急斜面のトラバースへと移り、岩場を登れば千枚岳である。途中マンノー沢ノ頭を経て二軒小屋に下山するルートの分岐を通過し、お花畑の中を通り抜ければ、やがて千枚小屋に到着する。

第4日 MAP⑩P86-87
千枚小屋から椹島へ下山

千枚小屋は富士山の好展望地として知られている。出発前に色彩豊かな朝の光景を写真に撮るのもよい。

千枚小屋からはシラビソの林を緩やかに下る。駒鳥池からも針葉樹林の中の緩やかな下りが続き、荒川三山と赤石岳が展望できる見晴岩に到着する。蕨段を通過し、薄暗い樹林帯を下ると清水平だ。ここには流水がある。

暑さを感じる伐採跡に入り、荒川三山

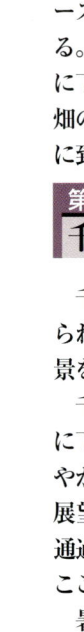

右下……東岳から望む朝の赤石岳。谷にのびる尾根がとても長い
左下……荒川前岳山頂部の西側は大崩壊地。注意して通過しよう
左上……荒川前岳の北側カールの底から稜線までは標高差約500m

を見ながら小石下を通過する。斜面を下ってハシゴを下りると林道に出る。これを右手に進むと下り口があり、ここからはやせた尾根上の道を奥西河内へと下っていく。

　吊橋を渡り、桟道を進めば滝見橋。ここから15分ほどで椹島だ。

丸山から千枚岳に続く斜面はイワオウギが埋めつくす。右奥に富士山が頭を出している

荒川三山山頂　◆　パノラマ展望　　Panorama

― 中岳山頂・東南東 ―

保利沢山　毛無山　富士山　天子ガ岳　偃松尾　生木割

― 前岳山頂・北 ―

三伏峠　小河内岳　烏帽子岳　本谷山　前小河内岳　権右衛門山　塩見岳　間ノ岳　西農鳥岳　農鳥岳

― 東岳（悪沢岳）山頂・南東 ―

奥聖岳　前聖岳　赤石岳　小赤石岳　兎岳　中盛丸山　大沢岳　大聖寺平　前岳　中岳

99

荒川三山▶赤石岳▶椹島

MAP 10 P86-87

南アルプス南部 ◆ 赤石岳

● 富士山を展望しつつ、巨大な主峰を縦走する。お花畑が次々と現れる人気のコース。

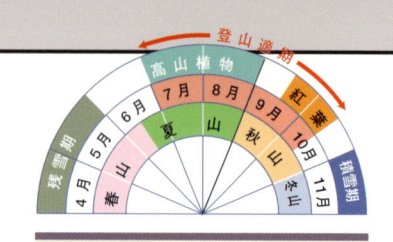

登山適期：4月 残雪期／5月・6月 春山／7月・8月 夏山 高山植物／9月 秋山／10月・11月 紅葉／積雪期

COURSE-PLAN

荒川三山と赤石岳は南アルプス南部の中では、最も登山者の多い山であろう。登りはじめの蕨段コースは緩やかな傾斜で、道もしっかりしており、とても歩きやすい。千枚小屋周辺や東岳（悪沢岳）から中岳、前岳南東斜面などにはすばらしいお花畑がある。稜線を歩けば、南アルプス北部から南部までの山々が大パノラマで展望できる。ひな鳥を連れたライチョウがすぐ近くを歩き回り、とてものどかな雰囲気。もう1日余裕があれば荒川小屋に泊まるとよい。

3泊4日

- 技術度：★★
- 体力度：★★★
- 危険度：★★

第❶日＝ 椹島ロッヂ（泊）
第❷日＝ 椹島ロッヂ〜清水平〜千枚小屋
第❸日＝ 千枚小屋〜千枚岳〜荒川三山〜大聖寺平〜赤石岳〜赤石小屋
第❹日＝ 赤石小屋〜カンバ段〜椹島ロッヂ

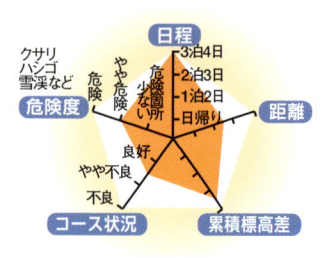

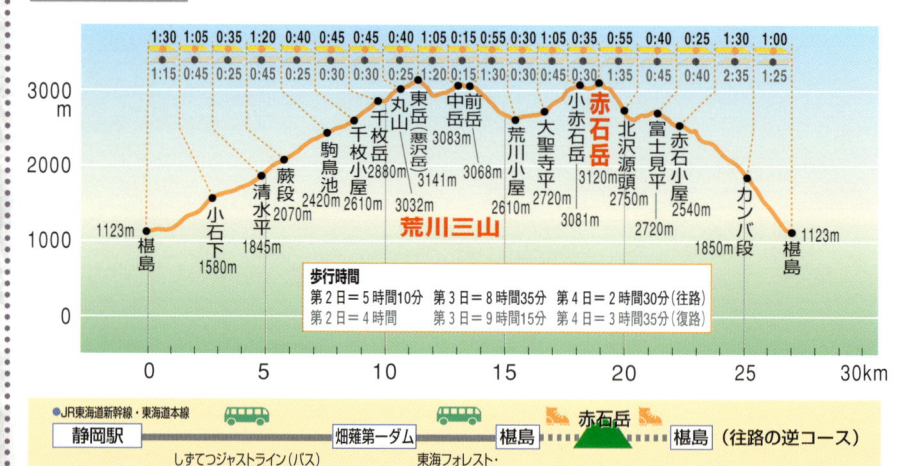

日程：3泊4日／2泊3日／1泊2日／日帰り
危険度：クサリ・ハシゴ・雪渓など／危険箇所少ない／やや危険／危険
コース状況：良好／やや不良／不良
距離 ／ **累積標高差**

歩行時間
- 第2日＝5時間10分　第3日＝8時間35分　第4日＝2時間30分（往路）
- 第2日＝4時間　第3日＝9時間15分　第4日＝3時間35分（復路）

標高プロファイル：椹島1123m／小石下1580m／清水平1845m／蕨段2070m／駒鳥池／千枚小屋2420m／千枚岳2610m／丸山／東岳（悪沢岳）3141m／中岳3083m／前岳3068m／荒川小屋2610m／大聖寺平2720m／小赤石岳／赤石岳3120m／赤石小屋2540m／北沢源頭／富士見平2720m／カンバ段1850m／椹島1123m

荒川三山

所要時間（上段・下段）： 1:30／1:15、1:05／0:45、0:35／0:25、1:20／0:45、0:40／0:25、0:45／0:30、0:45／0:25、0:40／0:25、1:05／0:30、0:15／0:30、0:55／1:35、0:30／0:20、1:05／0:30、0:30／1:35、1:30／2:35、1:00／1:25

アクセス
- JR東海道新幹線・東海道本線 静岡駅
- しずてつジャストライン（バス） 3時間30分（2550円）
- 畑薙第一ダム
- 東海フォレスト・送迎バス50分
- 椹島
- 赤石岳
- 椹島（往路の逆コース）

100

荒川前岳南東斜面の広大なお花畑。シナノキンバイ、ハクサンイチゲ、ミヤマキンポウゲなどが咲き誇る

● 歩行距離	● 標高差			● 2万5000図
第2日＝9.0km	標高差＝2018m	第3日＝＋1755m	総　計＝＋3366m	赤石岳
第3日＝14.5km	（椹島〜赤石岳）	＝－1827m	＝－3366m	
第4日＝5.0km	累積標高差	第4日＝＋36m		
総　計＝28.5km	第2日＝＋1575m	＝－1453m		
	＝－86m			

12 荒川三山〜赤石岳〜椹島

第1日　MAP⑩ P86-87
畑薙第一ダムから椹島へ入山

しずてつジャストラインの拠点となっている新静岡センターからJR静岡駅経由で畑薙第一ダム行きのバスが出ている。畑薙第一ダムからは東海フォレストの送迎バスが利用できる（利用は施設利用者のみ）。

第2日　MAP⑩ P86-87
椹島から千枚小屋へ

北端の事務所の横を通りすぎ、林の中を少し登ると、昨日バスで通ってきた林道に出る。林道を右手、つまり北方向に進み、滝見橋のたもとを左手に入っていく。河原に近い道を進み、奥西河内の吊橋を渡ると、落葉広葉樹の中をトラバース気味に登りはじめる。

林道出合からは奥聖岳と白蓬ノ頭が見える。林道をわずかに右へ向かい、ハシゴを登る。山腹をひと登りすれば、幼木の多い小石下に着く。清水平では必要に応じて水を足しておこう。この先、千枚小屋まで水場はない。

やがて湿った感じの小さい平坦地の蕨段を通りすぎる。トラバースして伐採跡に出ると赤石岳が正面にそびえ立つ見晴岩だ。

駒鳥池までもなだらかな尾根道が続

上：ひっそりと静まりかえる駒鳥池。シラビソの木にサルオガセが垂れ下がり、深い幽谷の雰囲気
左：牛首峠から見上げる残雪の赤石岳。赤石沢のせせらぎが心地よい。椹島ロッジはすぐ近く

● 南アルプス南部の自然 ❶　赤石岳の赤い石　　Column

赤石岳の南側に深い峡谷を形成しているのが赤石沢だが、この沢では赤い石が多く見られる。

この赤色の岩石は、南アルプスの大部分を占める四万十地向斜（砂や泥が厚く堆積したところ）が深く沈降した時に、地下のマグマから火山活動によってあふれ出た火山灰などが海水で冷やされてできた輝緑凝灰岩や、けい質の殻をもつ微生物（放散虫＝ラジオラリア など）の遺体などが堆積してできたチャートと考えられている。

赤い石は、赤石沢上流部（写真）、悪沢岳山頂付近赤石小屋南側などで見られる

標高3141mの東岳（悪沢岳）山頂。荒川中岳、赤石岳などが大迫力で並ぶ。北部の展望もある

き、シラビソの林はいっそう密になっていく。

今まで北に向かっていた登山道は西へと進路を変え、尾根の南側を登る。急な道をひと汗かいて登ると千枚小屋に到着する。

第3日 MAP⑩ P86-87
荒川三山を経て赤石岳へ

小屋を出発し、お花畑の中を登っていく。途中、マンノー沢ノ頭への分岐を通りすぎる。千枚岳頂上では、富士山はもちろん、高く雄大にそびえる赤石岳、聖岳などの展望が待っている。

千枚岳西側の岩場は注意が必要だ。急

小赤石岳から赤石岳本峰にのびる力強い稜線。可憐な高山植物が岩に身を寄せ、風雨に耐えている

交通機関・山小屋問合せ

椹島に到着した送迎バス

🚌🚆 大井川鉄道☎0547-45-4111、しずてつジャストライン☎054-252-0505、東海フォレスト☎0547-46-4717
🏠 椹島ロッヂ・椹島登山小屋・千枚小屋・荒川中岳避難小屋・荒川小屋・赤石小屋・赤石岳避難小屋☎0547-46-4717（東海フォレスト・サービス事業部）

アドバイス Q&A

Q 送迎バスには乗れるの？

A 椹島ロッヂおよび登山小屋、二軒小屋ロッヂ、登山小屋、千枚小屋、赤石小屋、荒川小屋、百間洞山の家、熊ノ平小屋、赤石岳避難小屋、荒川中岳避難小屋、高山裏避難小屋、小河内岳避難小屋のいずれか1カ所以上に宿泊（食事付または素泊り）の登山者が対象となる。テント泊のみの場合は利用できないので注意してほしい。また、椹島〜二軒小屋の送迎は、二軒小屋ロッヂに1泊2食付で宿泊する場合のみ。

12 荒川三山〜赤石岳〜椹島

3120mの赤石岳山頂から荒川三山方面を眺める。夜明けの富士山や聖岳もすばらしい

斜面に広がるイワオウギのお花畑をトラバースし、平坦な道をしばらく歩くと丸山（まるやま）である。

積み重なった岩伝いのルートを進み、南北の大きな尾根が迫れば東岳（悪沢岳）（ひがしだけ・わるさわだけ）山頂だ。

東岳からは、岩と砂が混在する急坂をドる。中岳（なかだけ）の登りが終ると避難小屋に到着する。荒川前岳（あらかわまえだけ）手前の分岐から南に下り、南東斜面のお花畑に進む。

赤石岳山頂 ◆ パノラマ展望　　Panorama

− 南西 −

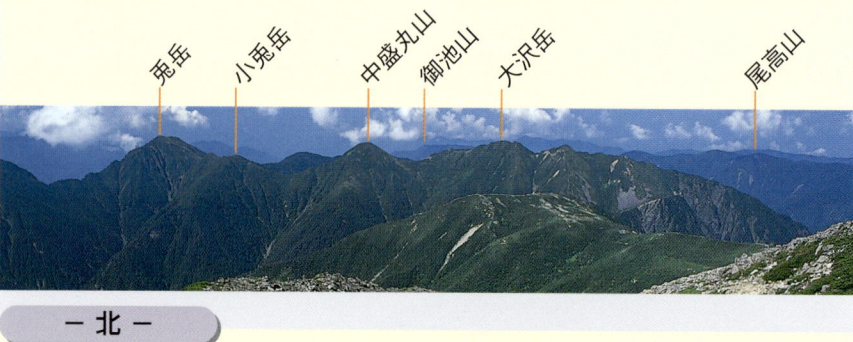

兎岳　小兎岳　中盛丸山　御池山　大沢岳　尾高山

− 北 −

仙丈ヶ岳　前岳　中岳　間ノ岳　西農鳥岳　農鳥岳　東岳（悪沢岳）　丸山　千枚岳

上：赤石岳東側の北沢源流部。色とりどりの花が沢いっぱいに広がる
左：ダケカンバ帯の中央に見える赤い屋根は荒川小屋、左奥は小赤石岳の肩

荒川小屋から大聖寺平までのトラバース道は気持ちがよい。小赤石岳の肩までは急登だ。肩からはなだらかな稜線を進み、小赤石岳を経て、分岐から赤石岳へ。百間平や大沢岳、聖岳の展望がよい。

分岐に戻り、小尾根を下る。北沢源頭の水場までは事故が多いので注意しよう。道はラクダの背とよばれる尾根の南側をトラバースする。富士見平をすぎ、林の中を緩やかに下れば赤石小屋だ。

第4日 MAP⑩ P86-87
赤石小屋から椹島へ下山

赤石小屋からは東尾根(大倉尾根)の南西側をトラバース気味に下りはじめる。やがて尾根上の道に移り、小ピークを越え2325m地点まで緩やかに下る。

ここから針葉樹林の急な下りが続く。林道を横切り、カンバ段を抜ける。鉄バシゴを下り、再び林道に出たら林道沿いに少し歩く。

しばらく歩いて、林道から登山道に入り、一気に下ると、道は尾根から左山腹へはずれ、カラマツとサワラの植林をつづら折りに進む。そして、鉄のハシゴを

アドバイス Q&A

Q このコースでおすすめのお花畑はどこにある？

A 千枚小屋付近と荒川前岳の南東斜面、荒川小屋付近、小赤石岳の稜線、赤石岳南斜面の北沢源流部などで南アルプス南部を代表するお花畑に出会うことができる。お花畑にはシナノキンバイ、ハクサンイチゲ、タカネグンナイフウロ、ミヤマキンポウゲ、クルマユリ、イブキトラノオ、そして8月に入るとマルバダケブキ、ホソバトリカブト、カイタカラコウなどを見ることができる。

Q 写真を撮るにはどこがいい？

A 千枚小屋は富士山の写真を撮るにあたって、想像以上によいポジションだ。標準から長焦点のレンズで手前の木などと組み合わせてねらってみよう。また、千枚岳は、条件がよければ、日の出から1〜2時間は写真撮影ができるほどのベスト・ポジション。富士山と赤石岳は広角から長焦点のいずれのレンズでも撮影に適している。赤石岳は山頂を右上において、左下へと流れ下る奥西河内の深さを強調すると迫力のある画面になる。赤石岳山頂からは夜明けの富士山をねらうとよい。高度感あふれる光景となる。

下りれば林道だ。椹島では入浴や食事ができるので、送迎バスの発車時刻までゆっくりしよう。

赤石小屋から椹島までは急坂をひたすら下る。膝の弱い人はストックが有効

サブコース——2

MAP10 P86-87

小渋川 ▶ 大聖寺平

　小渋川コースは明治～大正時代に日本アルプスを探検したウォルター・ウエストンゆかりのルートである。
　JR飯田線の伊那大島駅から大河原行きのバス（伊那バス）が出ているが、運行本数は非常に少ない。さらに、大河原から湯折まではタクシーを利用するか、3時間ほど歩くことになる。
　小渋川本流にかかる鉄筋コンクリートの橋は渡らずに、河原に下りていく。30回近い徒渉のはじまりである。榛沢出合までは浅瀬が続く。高山ノ滝手前は流れが急で水深もある。福川が合流する河原から樹林帯に入れば、ほどなく広河原小屋に到着する。
　小屋から尾根上に出るまではつづら折りの急登。2400m付近をすぎると道は緩やかになり、舟窪とよばれる地点に出る。ハイマツと岩が混じる斜面を進めば、ケルンの立つ大聖寺平に出る。

林道終点からさっそく徒渉がはじまる。夏場の天候の落ち着いた時に歩けばとても涼しげ

深いところや流れの急な場所ではザイルを使うこともある

舟窪付近のツガの森は太古の昔を感じさせてくれる。南アルプスらしい山道だ

参考コースタイム

湯折（30分→←30分）鉄の橋（1時間15分→←1時間10分）高山ノ滝（1時間20分→←1時間10分）広河原小屋（2時間40分→2時間）舟窪（1時間→40分）大聖寺平

小渋川からの道を1日がんばると、赤石岳と荒川三山の間にある大聖寺平に出る

南アルプス南部の魅力 ❶
懐かしいSLが走る大井川鉄道の旅

新金谷駅に停車中のC11型蒸気機関車

　JR東海道本線の金谷駅から大井川沿いに千頭まで、大井川鉄道大井川本線が通っている。大井川本線はSLが走っていることで有名で、毎日1本（時期によっては2ないし3本）が運行されている。所要時間は金谷駅から千頭駅まで1時間20分ほどである。現在走っているSLはC11型で、重厚な車体からは力強さが伝わってくる。汽笛や蒸気を噴出する音は人によってはとても懐かしいものであろう。

　千頭駅にはC12型蒸気機関車や、戦時中に旧泰緬鉄道のタイ～ビルマ間を走っていたC56型、大正時代につくられたドイツ製のコッペルなどが保存されている。さらに、C10は旧国鉄が全国的統合をした当時、最初に新造した近代型タンク蒸気機関車。都市近郊の小単位旅客列車用として設計され、バック運転も可能であり、小回りのよさを発揮した。そのほか、近鉄420系、南海電鉄21001系など、昭和の中ごろに他路線で活躍した車両もなかなかの風情をもっている。晴れた日にお弁当でも食べながら、ゆっくりと汽車の旅を楽しんでみるのもよいものだ。

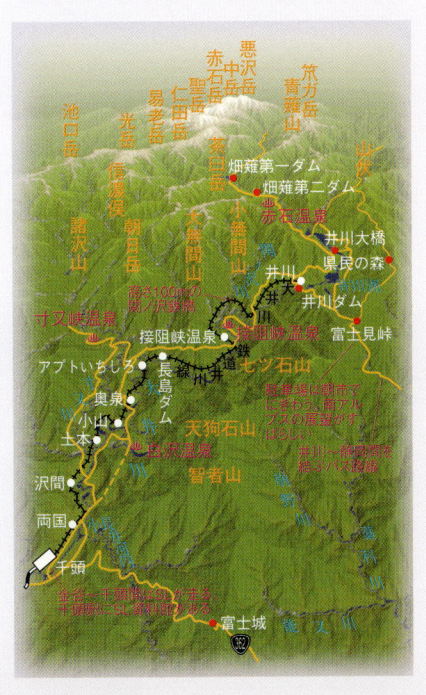

汗を流しながら、次々と釜の中に石炭を入れる

107

高嶺の花咲き乱れる
南アルプス南部のお花畑
FLOWER TREKKING

　南アルプス南部のお花畑（高山）としては、三伏峠東側、千枚岳南斜面、千枚小屋付近、東岳（悪沢岳）西斜面、荒川前岳南東斜面、荒川小屋付近、赤石岳稜線部、赤石岳北沢源流部、聖平付近、茶臼小屋付近などである。

　時期的には、6月にショウジョウバカマ、キバナシャクナゲ、クロユリなど。7月はシナノキンバイ、ミヤマキンポウゲ、ハクサンイチゲ、ミヤマオダマキ、クルマユリ、ハクサンフウロ、チョウノスケソウなど。8月になると、タカネマツムシソウ、トウヤクリンドウ、ホソバトリカブト、カイタカラコウなどが目立つ。

荒川前岳南東斜面
Course⑫　MAP⑩ P86-87

荒川前岳の南東斜面のような雪渓跡地には、明るく、いかにもアルプスらしい花々の群落が見られる。北アルプスに比べ、やや乾燥した南アルプスの雪渓跡地ではシナノキンバイ、ハクサンイチゲ、クロユリ、ヨツバシオガマ、キバナノコマノツメ、チングルマ、アオノツガザクラ、テガタチドリなどが見られる。

ハクサンイチゲ 高山帯の草地や砂礫地に生える高さ20cm前後の多年草。三山で多く見られる。花は直径約2cmで数個つく。荒川

トウヤクリンドウ 高山帯の草地や風衝地などに生える高さ10〜20cmの多年草。花の長さは約3〜4cm。荒川三山、赤石岳などで見られる。

タカネツメクサ 高山帯の砂礫地や岩場に生える多年草。高さは5〜10cm程度で、よく枝分かれして広がっている。花は直径約1cm。

千枚岳付近
Course⑪⑫　MAP⑩ P86-87

　7月は千枚岳山頂付近一面にイワオウギのお花畑が広がる。ミネウスユキソウ、タカネヤハズハハコ、タカネナデシコ、タカネヨモギも多い。8月になると、タカネマツムシソウやホソバトリカブトが壮観である。

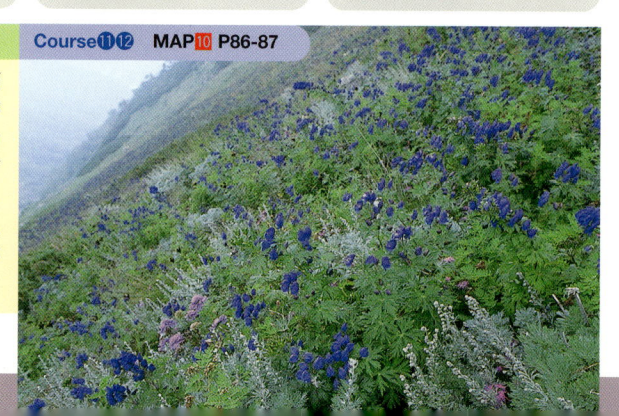

シナノキンバイ 橙黄色の花びら（がく片）は5個あり、葉は3つに分かれ、さらに細かく裂ける。南アルプス南部では小型のものが多い。

ニッコウキスゲ 山地帯や高山帯下部の草地や湿地に群生する多年草。高さ50cmほどで、花は数個つき、朝開いて夕方にはしぼむ。

クルマユリ 亜高山帯や高山帯の草地に生える多年草。高さ0.5～1mになり、花は直径約5cmで、1～数個つく。

赤石岳北沢源流部　Course⑫⑬　MAP⑩　P86-87

赤石岳の東斜面を流れ落ちる北沢の最源流部から稜線にかけて花が多い。沢沿いはハクサンイチゲ、シナノキンバイ、アケボノソウ、ミソガワソウ、ミヤマオダマキ、ウサギギク、タカネグンナイフウロ、ハクサンフウロなど。稜線に近づくと、イワベンケイ、イブキジャコウソウ、チシマギキョウ、オンタデなどに変わる。

タカネグンナイフウロ 亜高山帯の草地に生える高さ30～40cmの多年草。茎には細かい毛が生えている。千枚小屋付近に多い。

ミヤマオダマキ 高山帯の草地や礫地に生える多年草。高さは15～20cm。東岳や聖岳付近などで見られる。

テガタチドリ 東岳（悪沢岳）～中岳間のコルなど、高山帯の草地を好んで咲く。花は淡紅紫色で、茎の先に密集して咲く。

茶臼小屋付近　Course⑭　MAP⑪　P88-89

茶臼小屋付近、三伏峠東側、千枚岳東斜面、聖平といった場所では、高茎草本群落という植物群落が見られる。高茎草本群落はダケカンバ林といっしょに存在することがしばしばで、その場所は積雪が多く、湿った環境である。目立つ植物としてはマルバダケブキ、シシウド、ホソバトリカブト、ニッコウキスゲ、ムカゴトラノオ、クルマユリ、グンナイフウロ、バイケイソウなどである。

13 南アルプス南部 ◆ 赤石岳・聖岳

MAP 10 P86-87　MAP 11 P88-89

椹島▶赤石岳▶百間平▶聖岳▶椹島

● 山上庭園と、赤石沢源流部の山旅。
聖岳は南アルプス最南端の3000m峰。

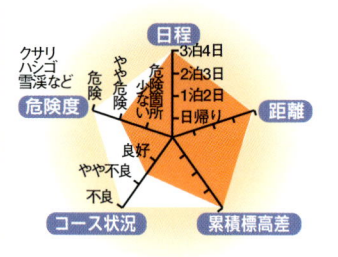

3泊4日

技術度 ★★
体力度 ★★★
危険度 ▲▲

- 第❶日＝ 椹島ロッヂ〜カンバ段〜赤石小屋
- 第❷日＝ 赤石小屋〜赤石岳〜百間洞山ノ家
- 第❸日＝ 百間洞山ノ家〜兎岳〜聖岳〜聖平小屋
- 第❹日＝ 聖平小屋〜聖沢吊橋〜椹島ロッヂ

歩行距離
- 第1日＝5.0km
- 第2日＝7.5km
- 第3日＝10.5km
- 第4日＝10.5km
- 総　計＝33.5km

2万5000図
- 大沢岳
- 赤石岳
- 上河内岳

標高差
- 標高差＝1997m（椹島〜赤石岳）
- 累積標高差
- 第1日＝＋1468m
- 　　　＝－54m
- 第2日＝＋905m
- 　　　＝－956m
- 第3日＝＋1260m
- 　　　＝－1480m
- 第4日＝＋487m
- 　　　＝－1630m
- 総　計＝＋4120m
- 　　　＝－4120m

COURSE-PLAN

　南アルプス南部の盟主・赤石岳を越えると、いよいよ核心部ともいえる赤石沢源流部の縦走路だ。大沢岳、中盛丸山、兎岳と連なる山々は、こぢんまりとしているものの、それぞれが味をもっている。

　南アルプス最南端の3000m峰・聖岳は、近づくにつれ巨大さを実感させてくれる。頂上に立てば高度感にあふれ、非常に感慨深い山だ。高い峰の間には百間平や凹状の稜線があり、一風変わった庭園の散歩を楽しむことができる。

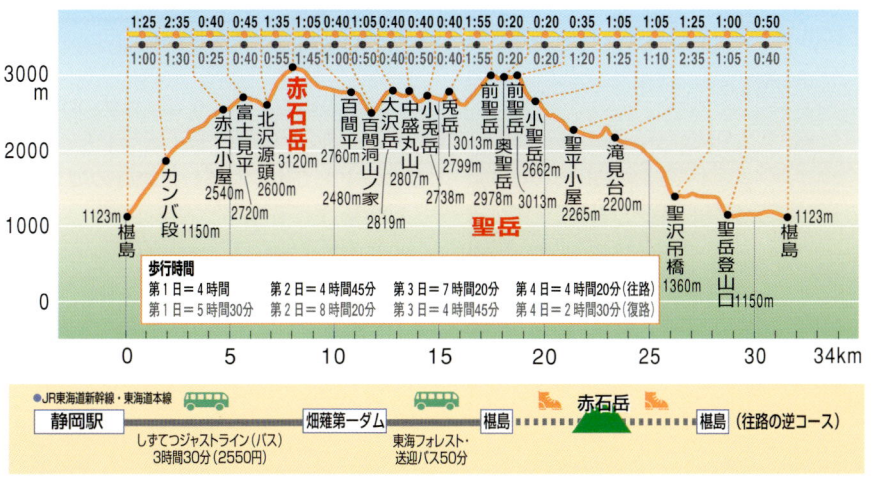

赤石岳から百間平へ向かう途中の馬ノ背から眺める巨大な聖岳。眼下の谷は有名かつ人気のある赤石沢。右奥には兎岳が見えている

歩行時間
- 第1日＝4時間
- 第1日＝5時間30分
- 第2日＝4時間45分
- 第2日＝8時間20分
- 第3日＝7時間20分
- 第3日＝4時間45分
- 第4日＝4時間20分（往路）
- 第4日＝2時間30分（復路）

●JR東海道新幹線・東海道本線

静岡駅 ─ しずてつジャストライン（バス）3時間30分（2550円） ─ 畑薙第一ダム ─ 東海フォレスト・送迎バス50分 ─ 椹島 ･･･ 赤石岳 ･･･ 椹島（往路の逆コース）

13 椹島〜赤石岳〜百間平〜聖岳〜椹島

赤石岳東斜面の北沢源流部に広がるお花畑。多種多様な高山植物が見られる場所

赤石小屋の展望台から望む荒川前岳と中岳(右)。カールがはっきりと確認できる

第1日　MAP⑩ P86-87
椹島から赤石小屋へ

　しずてつジャストラインの拠点となっている新静岡センターからJR静岡駅経由で畑薙第一ダム行きのバスが出ている。畑薙第一ダム(はたなぎだい)から椹島(さわらじま)までは施設利用者に限り東海フォレストの送迎バスが利用できる。
　東俣(ひがしまた)林道の鉄バシゴが登山口。尾根上に出るまで、しばらくはカラマツやサワラの植林帯の急登だ。落葉樹の尾根道を登り、ひと汗かいたころ、荒廃した林道に出る。この林道を左にたどり、再び林の中に入っていく。カンバの木が現れるあたりがカンバ段である。
　2300m付近までは、やや急な登りが続くので、ペースをつかんで一歩一歩しっかりと登っていこう。2300m付近で尾根道に平坦な場所が現れたら、しばらくは急な登りから解放される。
　小ピークを登りきると、道は尾根の南西側を横切るようになる。シラビソの林を抜ければ赤石小屋(あかいし)に到着だ。

第2日　MAP⑩ P86-87
赤石岳を経て百間洞へ

　小屋を出ると、シラビソの林の中を緩やかに登っていく。ナナカマドとハイマツの中をぐんぐん進むと絶好の展望地、富士見平(ふじみだいら)に着く。
　富士見平からは、ラクダの背の南側をトラバースしながら北沢(きたざわ)の源流部へ。小さい沢をいくつか通りすぎると水場に到着する。
　少しの間、沢沿いをつづら折りに登っていくが、このあたりには高山植物が多く咲いているので、登りの苦しさがまぎ

馬ノ背から百間平へ続くなだらかな道。奥には右から大沢岳、中盛丸山、兎岳が並んで見える

百間洞山ノ家、大沢岳、中盛丸山、しらびそ峠への道が交差する地点

3階建ての百間洞山の家

交通機関・山小屋問合せ

🚃🚌 大井川鉄道☎0547-45-4111、しずてつジャストライン☎054-252-0505、東海フォレスト☎0547-46-4717

🏠 椹島ロッヂ・椹島登山小屋・赤石小屋・赤石岳避難小屋・百間洞山ノ家☎0547-46-4717(東海フォレスト・サービス事業部)、兎岳避難小屋☎0260-34-5111(飯田市南信濃自治振興センター)、聖平小屋☎054-260-2211(静岡市観光協会井川支部)

アドバイスQ&A

Q 赤石小屋は展望がいい？

A 赤石小屋の食堂では赤石岳と荒川三山を眺めながら食事ができる。また、小屋横の展望台からは荒川三山、赤石岳、兎岳、聖岳を見ることができ、特に赤石岳は目の前に迫ってくるほどの大迫力。

Q 北沢の源流部に花は多い？

A シナノキンバイ、マツムシソウ、ウサギギク、タカネグンナイフウロ、ハクサンフウロ、ミヤマキンポウゲ、イブキトラノオ、アケボノソウなど、多数の花が登山道脇に咲き乱れている。特にミヤマオダマキとミソガワソウの大株が見もの。

れるだろう。カール中央部の道を通り、小尾根に取り付く。足場の悪い岩稜帯を登りきれば稜線だ。北沢に落ち込むカールを隔てて、目指す赤石岳がすぐ近くに見えている。

トウヤクリンドウやチシマギキョウの咲く稜線を25分ほど歩けば、南アルプス南部の盟主、3120mの赤石岳山頂に到着する。

赤石岳からは南西方向に向かって下りはじめるが、小屋の周辺は道が入り乱れているので注意しよう。平坦な地形の端から凹部の中を西に下っていく。

馬ノ背というハイマツの多いなだらかな稜線を進んだ先は、平坦な地形の百間平。急斜面を下れば百間洞の源流部に到着する。この源流部付近はキャンプ地になっており、ここから沢沿いに100mほど南に下ると、今日の目的地である百間洞山ノ家が建っている。

聖岳の山頂は思った以上の高度感がある

第3日　MAP⑩ P86-87　⑪ P88-89
兎岳・聖岳を経て聖平へ

百間洞山ノ家から昨日来た道をキャンプ地に向かって戻り、分岐を左折すると、早速、足場の悪い急登がはじまる。大沢岳北側の鞍部を通過し、狭い稜線を進むと2819.4mの大沢岳頂上に到着する。

13 椹島〜赤石岳〜百間平〜聖岳〜椹島

聖岳山頂から上河内岳を遠望する。広大な急斜面を下りきったところが聖平

大沢岳から二重稜線になった凹地に下ると分岐がある。右手、つまり西に下って行く道は大沢渡(おおさわど)を経てしらびそ峠に続いている。

中盛丸山(なかもりまるやま)へは見た目以上の体力を使う。頂上をすぎると、足場の悪い急な斜面となるので、ゆっくり着実に下っていこう。2738mの小兎岳(こうさぎだけ)からは隣の兎岳(うさぎだけ)が雄大に見える。

兎岳の頂上から少し下ると、いったん平地になる。ここから右手方向に入っていけば、コンクリート造りの兎岳避難小屋がある。

最低鞍部まで、しばらくはダケカンバ

アドバイス Q&A

Q 百間平はどうして平坦か？
A この地形は大聖寺平とともに隆起準平原とよばれる。南アルプスの山々は隆起した準平原を川が深く浸食している最中で、尾根部に準平原の平坦地を残す若い山地なのである。

Q 百間洞山ノ家〜聖平までの間に水場は？
A 小兎岳から兎岳に向かい、いったん下ったところに平坦地がある。登山道脇に石に書いた水場の標識があるので、これを見落とさないように。往復10分程度。また、聖岳から斜面を1時間ほど下り、岩場が出てきたところに、わずかだが湧き水がある。

Q 兎岳避難小屋は使える？
A 小さい小屋なので登山道からはわかりにくく、見通しがきかない時には注意したい。また、小屋の近くに水場はなく、収容人数も5名程度なので、緊急時の使用に留めておくのがよいだろう。近年、老朽化が激しい。

のどかな草原状の聖平。シカの群れをよく見かける。以前はニッコウキスゲが多く見られた

兎岳山頂付近から見る朝の赤石沢源流部の峰々。
左手は大沢岳（奥）と中盛丸山、右手は赤石岳

の中を進む。聖岳の登りはハイマツ帯の急登で、崩壊地の縁を歩く。

3013mの聖岳（前聖岳）山頂は、高度感にあふれ、すばらしい展望が得られる。三角点のある奥聖岳までは往復40分ほど。時間に余裕があれば往復していこう。

聖岳から西沢源流部の水場までは急斜面を下っていく。傾斜が緩やかになると小聖岳。やがてクロサワアザミが多くなってくると崩壊地に下り立つ。ここが薊畑の分岐点である。

お花畑をすぎて斜面を下れば、聖平の分岐。ここから北北東方向に200mほど進めば聖平小屋が建っている。

第4日　MAP 11 P88-89　10 P86-87
聖平小屋から椹島へ下山

聖平小屋からは、沢沿いの緩やかな道を進む。登山道は沢沿いから山腹へ上がっていき、再び下りはじめる。道が大きく右に曲がる手前の滝見台からは、巨大な聖岳と落差の大きい2本の滝が眺められる。

南西方向から流れ落ちる大きい沢を通過し、聖岳の眺めがよい伐採跡をすぎると尾根を乗り越す。ここからは尾根のやや南側をつづら折りに下っていき、つぶれた架線小屋をすぎたら、右手、つまり東側のやや急な斜面に移る。聖沢の音を聞きながら落葉広葉樹林の中を下っていけば吊橋に出る。

吊橋を渡って聖沢の左岸に移ると、植生がシラビソやトウヒの植林に変わる。道は緩やかに登っていくが、尾根の東斜面に移るにつれて下りはじめる。笹の中の道を進み、小さな沢をすぎれば半壊状態の出会所小屋に着く。

ここから植林の中をつづら折りに下れば東俣林道脇の登山口に到着する。林道を北に向かって50分ほど歩くと、出発点の椹島に帰り着くことができる。

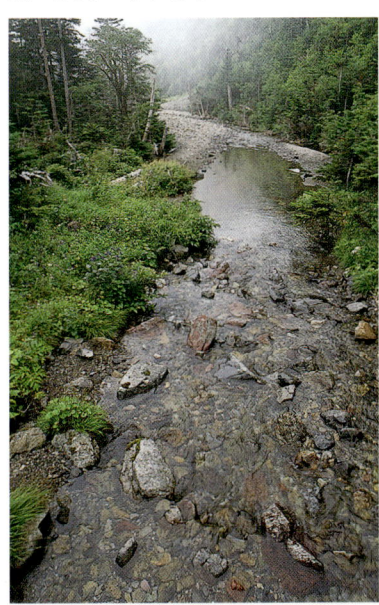

豊富な水量の聖沢。最上流部は沢沿いに歩く。平坦でとても歩きやすい

115

山下春樹の撮影ポイントガイド

南アルプス南部

南アルプス南部はひとつひとつの山がかなり大きい。つまりダイナミックである。小さい光景をねらうよりも、広角レンズで視角全体をとらえるようにしよう。

夏の南アルプス南部を撮る

ダケカンバ帯では新緑の時期が特によい。意図するものをはっきりもつことが大事だ。千枚岳付近、赤石岳北沢付近、百間洞などが撮影ポイントである。

千枚岳山頂は条件がよければ、日の出から1～2時間は写真撮影ができるほどのベスト・ポジション。富士山と赤石岳は広角から長焦点のいずれのレンズでも撮影に適している。富士山は白根南嶺の稜線と組み合わせたり、夜明けの光に色づく雲と空を多く入れてみたりするとよいだろう。赤石岳は山頂を右上において、左下へと流れ下る奥西河内の深さを強調すると迫力のある画面になる。また、長焦点のレンズを使って山頂部の残雪模様や、赤く染まる岩肌を力強く表現してもおもしろい。

荒川中岳から夕日を浴びる東岳（悪沢岳）、上河内岳からの聖岳などもおすすめ。

赤石岳山頂から見る雨上がりの聖岳。緑の山襞が鮮やかだ。中央奥に南岳と上河内岳が見える

富士見平からの荒川三山。左から荒川前岳、中岳、悪沢岳。富士山の眺めもよい

南アルプス南部のお花畑を撮る

三伏峠東側のお花畑ではミヤマシシウドに近づき、大きく白い花を手前に入れ、上部の左右どちらかに塩見岳の山頂部を配置すると遠近感が出る。

荒川前岳南東斜面のお花畑と盛夏の赤石岳。一面の花々と赤石岳の組み合わせは定番

千枚小屋付近ではシナノキンバイ、クルマユリなどの花々をメインにして、ナナカマドやシラビソの木々と組み合わせると雰囲気が出る。

赤石岳の稜線ではイワツメクサ、ミヤマダイコンソウ、チシマギキョウなどに思い切り近づき、バランスを見ながら残雪を配置するとアルプスらしい感じになる。

秋の南アルプス南部を撮る

高山帯での紅(黄)葉となると、やはりウラジロナナカマドとダケカンバがあげられる。草枯れの黄色やウラシマツツジの深い赤色もなかなかいい。

撮影ポイントとしては、千枚小屋周辺、荒川小屋周辺、赤石岳北沢、富士見平、茶臼岳(ちゃうすだけ)周辺のナナカマドやダケカンバがすばらしい。

晴れた日には逆光気味に撮れば色が出るが、コントラストが強くなり、黒い部分が目立つので、全体をよく見ながら構図を決めてみよう。一方、雨上がりもなかなかいい。葉がしっとりして、落ち着いた濃い色になっている。

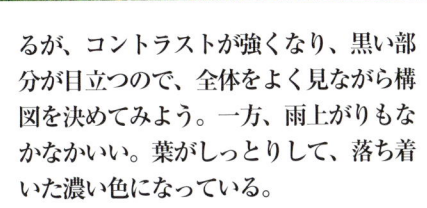

上：茶臼岳と上河内岳の間にある亀甲状土からの上河内岳。広々とした草原を広角レンズで画面に収める
左：千枚岳東側の巻道から夜明けの赤石岳。残雪の時期も紅葉の時期もいい。千枚小屋からも近い

南アルプス南部の歴史

縄文時代から続く南アルプス南部の歴史

井川の縄文中期遺跡の遺物には甲信地方の特色が見られ、古くから南アルプスを越えた文化の交流があったようだ。山林の伐採史としては、『日本書紀』に「大井川から大木を切り出した」という記述がある。戦国時代は軍用金調達のため南アルプスで金・銀・銅の採掘が行われ、甲州の武田氏は多くの人夫を山に送りこんだという。江戸時代初期、駿府城に隠居した徳川家康は大井川遡行による南アルプスの調査を命じた。使者は駿府を出発し、10日後に高遠城下に下山している。森林伐採は駿府城本丸、浅間神社、江戸城本丸、京都御所修復などの用材として江戸時代末期まで行われた。江戸の大火後には紀伊国屋文左衛門が大井川中流域の伐採を大々的に行っている。

薪のストーブとランプが懐かしさを感じさせる。こんな雰囲気の山小屋はわずかとなった。旧光小屋で

明治になると、25(1892)年にウォルター・ウエストン(1861〜1940年、イギリス生まれ。明治中ごろから大正初期の間、20年近くの滞在中に日本アルプスのほとんど全域を踏破した)が小渋川を遡り、赤石岳に登頂している。

間ノ岳〜塩見岳〜赤石岳〜聖岳〜上河内岳の稜線と間ノ岳〜農鳥岳〜笊ガ岳〜布引山の稜線で囲まれた大井川流域は、東海パルプ株式会社の所有地であり、この膨大な土地を購入したのが大倉喜八郎氏である。椹島から赤石岳に登る尾根には大倉氏の登頂を記念して、大倉尾根という別名がついている。

大正末期から昭和にかけても井川流域の樹木が盛んに伐採された。これらの伐採木は、「川狩り」とよばれる大井川の水流を利用した方法によって下流の島田まで運ばれ、昭和40年代まで続いた。昭和30年代に進行した大井川上流のダム建設は、川狩りに代わり、トラック輸送の時代を切り開くこととなった。

昭和39年には南アルプス国立公園に指定され、昭和47年、大幹線林道東俣線が二軒小屋に達した。

千頭〜井川間を走るミニ列車。かつては森林鉄道として活躍した。アプト式で登る坂道と関ノ沢鉄橋がハイライト

南アルプス南部の山小屋物語

山小屋物語 二軒小屋

　かつて大井川源流域は、山林の伐採をする作業員か猟師のみがたどり着ける地であった。昭和初期になって、東海パルプの前身である大倉組が二軒小屋会所を開設したが、しばらくは山仕事人のみの世界が続く。

　二軒小屋の地には浜田屋という宿があり、主人は商人や運搬人の食事の世話をしたり、会所の荷物の手配・管理などを行っていた。二軒小屋は作業員たちの集いの場であったため、転付峠を越えて、はるばる旅芸人がやってきた。大井川の発電用取水口の工事、川狩り（伐採した木を川の流水で運ぶ）など、昭和の前半はかなりにぎやかだった。

　登山道というより山道ということになるが、明治時代中期から昭和の初期には、長野県大鹿村大河原の上流、釜沢から豊口山コースをたどり、三伏峠から小西俣に下ったあと、二軒小屋、転付峠を経て、

椹島から30分ほどで二軒小屋ロッジに到着。シラカバの並木が上品な印象を与えてくれる

山梨県早川町の新倉に抜けていたようである。

　登山ルートといえば、十数年前までは北俣岳分岐から蝙蝠岳までを往復するケースが多く、蝙蝠岳と二軒小屋の間は紹介されることが少なかった。三伏峠や熊ノ平方面から下山先を静岡県側にしたい場合は、蝙蝠尾根がとても貴重なルートとなる。コースの整備は何年もかけて行われ、現在、指導標やペンキ印がつけられている。

　二軒小屋ロッジの建物は瀟洒なスイス風の造り。寝室は二段ベッドで、部屋すべてが木にこだわった内装となっている。そして何よりも、料理がすばらしい。大井川最上流の宿泊施設とは思えないほどの創意・工夫・熱心さが見られる。暖炉のあるダイニング、小鳥のさえずりが聞こえるコテージでゆっくりと楽しんでいただきたい。

二軒小屋登山小屋は冬の間たいへん貴重な存在となる。静けさもまたいい

14

MAP 11 P88-89

便ガ島▶聖平▶茶臼岳▶易老岳▶光岳▶易老岳▶易老渡

南アルプス南部 ◆ 茶臼岳・光岳

● 色とりどりの高山植物と明るい稜線歩きを満喫する。長野県側から南アルプス主稜へ。

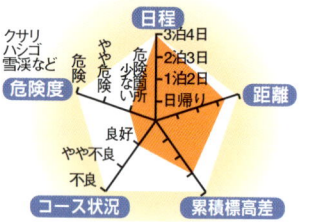

3泊4日
- 技術度
- 体力度
- 危険度

第❶日＝ 便ガ島〜聖平小屋
第❷日＝ 聖平小屋〜上河内岳〜茶臼小屋
第❸日＝ 茶臼小屋〜茶臼岳〜易老岳〜光岳
第❹日＝ 光小屋〜易老岳〜易老渡

● 歩行距離
第1日＝6.5km
第2日＝6.0km
第3日＝9.5km
第4日＝8.0km
総　計＝30.0km

● 標高差
標高差＝1833m
（便ガ島〜上河内岳）
累積標高差
第1日＝＋1543m
　　　＝－247m
第2日＝＋675m
　　　＝－532m
第3日＝＋774m
　　　＝－673m
第4日＝＋228m
　　　＝－1864m
総　計＝＋3220m
　　　＝－3316m

● 2万5000図
光岳
上河内

茶臼岳山頂から北側を展望する。左奥から、兎岳、聖岳、上河内岳

COURSE-PLAN

便ガ島に聖光小屋が平成15年5月にオープンした。電話や駐車場も整備され、たいへん心強い。
上河内岳から眺める聖岳の雄大な姿は絶品で、時間の許す限りゆっくりしたい。茶臼岳から南側の稜線は樹林帯の地味な山域というイメージがあるかもしれないが、決して面白味がないわけではなく、明るくなだらかな道や森の静けさなど、充分に楽しく個性的である。また、このコースを利用すれば長野県側からのみ入下山できるコースとなる。

上：徒渉地点の西沢渡。人・荷物用のカゴ渡しがある。水量は多い
下：薊畑手前のシラビソ林。かなりの急登である

5時間近く歩くことになるため、実際的ではない。一般にはマイカーによる登山が多いようだ。なお、易老渡の奥、二ノ股沢の合流点である便ガ島に平成15年、新しい小屋の聖光小屋がオープンし、便利になった。

森林鉄道跡のトンネルを抜け、遠山川の右岸沿いに進む。道は平坦で歩きやす

第1日　MAP⑪ P88-89
便ガ島から聖平へ

便ガ島まで、タクシーか自家用車を利用しない場合、本谷口バス停から道路を

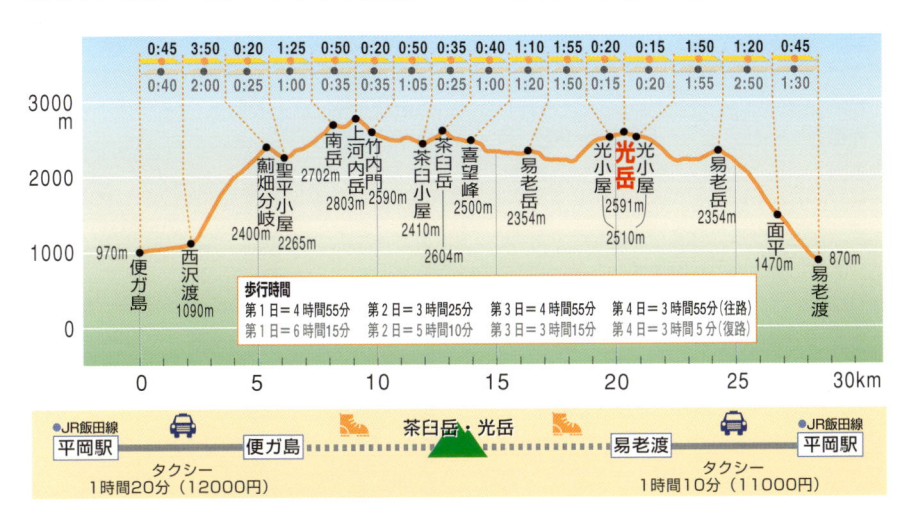

歩行時間
第1日＝4時間55分　第2日＝3時間25分　第3日＝4時間55分　第4日＝3時間55分（往路）
第1日＝6時間15分　第2日＝5時間10分　第3日＝3時間15分　第4日＝3時間5分（復路）

便ガ島 970m — 西沢渡 1090m — 薊畑分岐 2400m — 聖平小屋 2265m — 南岳 2702m — 上河内岳 2803m — 竹内門 2590m — 茶臼小屋 2410m — 茶臼岳 2604m — 喜望峰 2500m — 易老岳 2354m — 光小屋 2510m — 光岳 2591m — 光小屋 2510m — 易老岳 2354m — 面平 1470m — 易老渡 870m

0:45 / 0:40　3:50 / 2:00　0:20 / 0:25　1:25 / 1:00　0:50 / 0:35　0:20 / 0:35　0:50 / 1:05　0:35 / 1:00　0:40 / 1:00　1:10 / 1:50　1:55 / 2:05　0:20 / 0:15　0:15 / 0:20　1:50 / 1:55　1:20 / 2:50　0:45 / 1:30

● JR飯田線　平岡駅 — タクシー 1時間20分（12000円） — 便ガ島 … 茶臼岳・光岳 … 易老渡 — タクシー 1時間10分（11000円） — 平岡駅　JR飯田線 ●

便ガ島からの登山道が主稜線に合流する地点、薊畑の分岐。視界が一気に広がる

て登りきるとガレの上部に飛び出す。ここが薊畑（あざみばた）の分岐点。小憩後、聖平方向に下りはじめると窪地一面がお花畑になっている。

聖平の分岐には丸い鉄製の方向板が設置してある。ここを左折すれば200mほどで聖平小屋に到着する。

第2日　MAP 11　P88-89
上河内岳を経て茶臼小屋へ

聖平からはシラビソとダケカンバの林を緩やかに登っていく。小ピークの東側を巻いて平坦な鞍部を通過すると、やがてダケカンバとウラジロナナカマドが点在するなだらかな斜面が現れる。あたりにはシナノキンバイやミヤマキンポウゲなどが咲いている。南西斜面の崩壊した地点は注意して通過しよう。

南岳の山頂は平坦で展望もよいので、休憩に適している。南岳からはやせ尾根を下る。東側はかなりの急傾斜だ。小石が敷き詰められた道をたどり、急な斜面を登りきると上河内岳（かみこうちだけ）への分岐が現れる。この分岐から10分ほどで標高2803m

いが、小さい土砂崩れを起こしている箇所があるので注意したい。

西沢渡（にしさわど）には砂防堤があり、そのすぐ下流に荷物用のかご渡しが設置されている。荷物が重い場合はかご渡しに乗せて対岸に渡ってから引き上げることができる。河原から5分ほど登ると、林の中に営林署の建物があるが、無人であり、使用はできない。

建物裏からカラマツ林の急登がはじまる。しばらく登ると針葉樹の林となるが、相変わらずの急登。倒木が多いものの、登山道はしっかりしている。

急な山腹をトラバース気味にがんばっ

南アルプス南部の自然 ❷　光岩とセンジガ原の亀甲状土　　Column

■光岩

光岳の山頂西側の岩の上に立つと、目の前に光岳のいわれとなった「光岩」が尾根上に突き出ている。光岩は石灰岩で、白みが強いため、日の光を受けると光っているように見える。かつてはサンゴ礁などの海底であったことを示しているのが興味深い。

■亀甲状土について

センジガ原の亀甲状土では、直径40〜50cmほどの六角形〜丸形の土（草が生えている）を、礫が囲むように並び、これらの集まりが亀の甲のように見える。この現象は、霜や雪、氷などによる固結と、それらの溶解によって岩のかけらが移動する作用や、結氷と融解を繰り返す地表と、その下の水の間で生ずる比重の違いから、砂が移動した結果だと説明されている。

上：山頂の南西側眼下にある光岩。緑の稜線に白い岩肌がよく目立つ
下：センジガ原の亀甲状土。かなり広い範囲にこの現象が見られる

南岳から見るどっしりとした山容の上河内岳。カモシカをよく見かける

竹内門では大きい岩の間を通過する。しばらくはなだらかな稜線が続く

の上河内岳山頂に出る。
　上河内岳山頂からは、聖岳や赤石岳、東岳（悪沢岳）がみごとに肩を並べ、南方を見れば、大無間山まで、樹林に覆われた巨大な峰々が重なり合って見える。
　縦走路の分岐からは足場の悪い岩混じりの下りとなる。芸術的なオブジェとよびたいような竹内門を通りすぎ、茶臼岳から深南部に続く稜線を見ながら、平坦な地形に入っていく。
　「お花畑」の標識から一段下ったあたりは、亀甲状土の平坦地で、かなり広い範囲が草原になっている。この地点をあとにして、南端のハイマツ帯に入る。ダケカンバの林を抜けたあと、砂利の道を登る。稜線に出れば、なだらかでさわやかな縦走路になる。周囲に比べ、やや低くなった地点が茶臼小屋への分岐だ。東に向かって沢状の斜面を10分ほど下れば茶臼小屋に到着する。

交通機関・山小屋問合せ

🚃飯田駅：いいだタクシー☎0265-22-1111、長姫タクシー☎0265-22-2929、朝日タクシー☎0265-22-0373、平岡駅：遠山タクシー☎0260-32-2061

🏠聖光小屋☎090-5428-3777、聖平小屋・茶臼小屋☎054-260-2211（静岡市観光協会井川支部）、光小屋☎0547-59-3111（川根本町役場）

2003年5月にオープンした聖光（せいこう）小屋。電話や駐車場が整っている

アドバイス Q&A

Q 寸又川の源流部の様子は？

A 寸又川の源流部一帯は広大な原生林地帯で、本州唯一の原生自然環境保全地域に指定されている。この大井川源流部原生自然環境保全地域には、ブナやカエデからハイマツまで見られ、ツキノワグマやカモシカなど、大型哺乳動物も生息している。光岳はハイマツ群落の南限としても知られる。

第3日　MAP11 P88-89
茶臼岳、易老岳を経て光岳へ

　稜線の分岐を左に折れ、心地よい道をゆっくりと登っていく。茶臼岳山頂は好展望地で、南アルプス南部の山々が一望できる。
　山頂から稜線の道を進み、二重山稜の中を下れば仁田池に出る。ここからしば

14

便ガ島〜聖平〜茶臼岳〜易老岳〜光岳〜易老岳〜易老渡

らくは灌木帯を行く。希望峰のピークはシラビソに囲まれている。仁田岳までは往復30分ほどだから立ち寄っていこう。

標高2300m付近まで下りきると、道は小さい上り下りを繰り返しながら進む。周囲は展望のきかない針葉樹林帯だが、しんとした静けさと、みごとなシダ

茶臼岳山頂から南方を見わたす。奥に信濃俣、大根沢山などが見える

亀甲状土から形のよい上河内岳を眺める。あたりは広々とした草原で、とてものどか

の群落が印象に残る。シラビソの林が密になってくると易老岳の分岐に到着する。

開けた倒木帯をすぎ、しばらく小さい上り下りを繰り返しながら蛇行して行く。進行方向に斜面が迫れば三吉平とよばれる鞍部に着く。薄暗いカエデの林に入り、涸れた沢状の道を登る。静高平では東側の樹林帯の縁に水が出ているので、充分補給しておこう。センジガ原にすっきりとのびる木道の先には、新し

● 光岳山頂　◆ パノラマ展望　○　**Panorama**

― 北東 ―

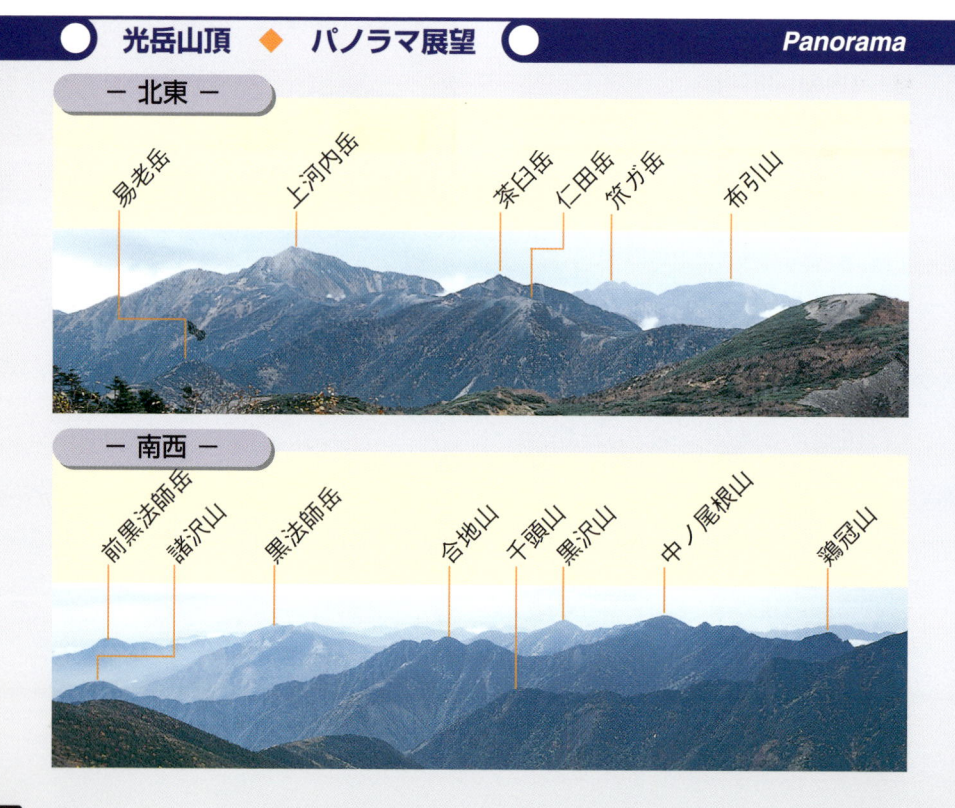

易老岳　上河内岳　茶臼岳　仁田岳　笊ガ岳　布引山

― 南西 ―

前黒法師岳　諸沢山　黒法師岳　合地山　千頭山　黒沢山　中ノ尾根山　鶏冠山

稜線上の窪地にぽつんと小さな仁田池がある。奥の尖った山は茶臼岳

センジガ原につけられた木道。新しい光小屋に続いている

い光小屋(てかりごや)が建っている。

　光岳(てかりだけ)山頂へは小屋の裏側から向かう。山頂手前まではところどころで展望もよく、遠くにそびえる聖岳や兎岳を眺めることができる。標高2591.1mの光岳山頂は、樹林に囲まれた小さいピークで、展望はない。しかし、西側の岩の上に立てば、寸又川(すまた)源流部の山々を見わたすことができる。

第4日 MAP11 P88-89
易老岳に戻って易老渡へ下山

　光小屋を出てしまうと、水場は易老渡までの間に静高平にしかないので、注意が必要だ。センジガ原には分岐があり、右に進めば好展望のイザルガ岳である。15～25分ほどで往復できる。

　易老岳までは昨日の道を戻る。易老岳からシラビソの林を一気に下ると、V字型の小さい鞍部が現れる。滑りやすい岩場なので、ロープが設置してある。

　2354.1mの三角点をすぎると急な下りがはじまる。この急坂をすぎると、登山道は植林と自然林に囲まれた明るい平地(やや凹状)の面平(めんだいら)に下り立つ。

　面平からの下りは、急な上に小石混じりの道である。下草の多い植林帯に入り、

アドバイス Q&A

Q 便ガ島、易老渡へのアクセスは？

A 中央道の飯田ICからは、天竜川にかかる弁天橋を渡り、県道上飯田線に入る。三遠南信自動車道の矢筈トンネルを抜けると上村の程野である。程野からは国道152号線を南進し、上島トンネル手前で右折、すぐにトンネルの上部を登る道に入り、下栗集落へ。北又渡の電力関係施設の下流の橋を渡り、左岸へ。再び右岸に移ると、間もなく南から易老沢が合流する易老渡に着く。

　一方、浜松市水窪方面からマイカーでアプローチする場合は、国道152号線を青崩峠方面に進むが、途中から三遠南信道路へ入る。兵越峠を越えて南信濃村下市場へ。道路を北上し、遠山川と上村川の合流点の本谷口をすぎた地点にある上島トンネルを抜け、すぐ左折してトンネルの上を通り、下栗集落へと向かう。

茶臼小屋近くで

相変わらず急な道を折り返しながらどんどん下っていく。

　やがて遠山川まで下り着き、茶色い鉄橋を渡る。この橋のすぐ下流が、下山口である易老沢との合流地点、易老渡である。

下山口の易老渡。茶色い鉄の橋がかかる。近くには駐車場もある

サブコース――3

MAP 11 P88-89

畑薙第一ダム ▶ 横窪沢小屋 ▶ 茶臼岳

　畑薙大吊橋から茶臼岳に到達する道は、南アルプス南部では主要かつ身近なルートとして利用者が多い。畑薙第一ダムまでは、静岡市街の新静岡センターからJR静岡駅経由で、しずてつジャストラインのバスが運行されている。

　畑薙第一ダムの左岸側でバスを降り、水を補給したらアスファルトの車道を歩きはじめる。車止めゲートがある沼平までは約20分。ゲートから40分ほどで畑薙大吊橋に着く。

　吊橋を渡り、落葉広葉樹の尾根を登りはじめる。鉄塔の下部に出ると道は右にトラバースするようになり、小さな涸れ沢を2本通りすぎればヤレヤレ峠だ。

　峠をあとにして、平坦な道を徐々に下る。尾根を左に回り込むと上河内沢に下り着き、吊橋を左岸に渡る。さらに2度吊橋を渡り、左岸沿いにしばらく進むと、急で滑りやすい鉄の階段が現れる。ガレ場に設けられた鉄の橋をすぎるとウソッコ沢小屋に着く。

茶臼小屋脇のテント場。富士山が正面に見える場所だ。夜には鹿がよく現れる

　滝の上にかかる吊橋を渡り、金属の階段を登る。ここから横窪峠まではかなりの急登だ。横窪峠を越えて5分も下れば横窪沢小屋に到着する。

　小屋の裏手からのびる道もまた急登だ。針葉樹と広葉樹の混交林の中を折り返しながら進むと、まばらになった木々の合間から上河内岳が顔をのぞかせる。水量の少ない水場をすぎ、30分ほどで樺段にたどり着く。狭い平坦地で、展望はない。

　勾配の緩やかになったシラビソとダケカンバの林の中を登り、森林限界に近づいたころ、茶臼小屋が見えてくる。

参考コースタイム

畑薙第一ダム（2時間30分→←2時間20分）ウソッコ沢小屋（1時間20分→←55分）横窪沢小屋（2時間35分→←1時間15分）茶臼小屋（35分→←25分）茶臼岳

上：畑薙大吊橋から40分ほど歩くとヤレヤレ峠。ここから河原に下っていく
左：全長182mの畑薙大吊橋。高度もあり、揺れるので少々緊張する

南アルプス南部の魅力 ❷
大井川上流部・秋の渓谷を訪ねる

秋の大井川上流部はとても魅力的だ。カエデ類などの落葉広葉樹がみごとに色づき、谷を埋めつくす。大井川を上流に向かい、大井川の上流、八木尾又のトンネルをすぎたあたりから、谷は深く狭くなっていく。ヒノキが多かった植林の山々も様子が変わり、急峻な山腹は野性的な木々がしっかりと枝を張り出す。畑薙第二ダムの下流付近は深い谷が蛇行しており、絶壁の紅黄葉と河原の青が対照的だ。畑薙第一ダム下流付近では支流の小さい沢がいい雰囲気をもっている。

さらに上流に進むと、広い河原の両岸にカラマツが現れる。秋の澄んだ光を浴びて、金色に輝く姿はみごとだ。大井川本流に赤石沢が合流する赤石渡付近はハイライトのひとつ。山深く続く谷、高い稜線、風雪に耐えた木々の姿には誰もが感動するだろう。赤石沢の牛首峠付近もいい。錦秋の谷の奥に赤石岳の鋭鋒が高くそびえる光景が見られる。

二軒小屋ロッヂ付近の紅葉の見ごろは10月下旬～11月上旬。ここまで来ると平野部との温度差をかなり感じる。東海フォレストでは紅葉を満喫できるバスツアーも企画している。

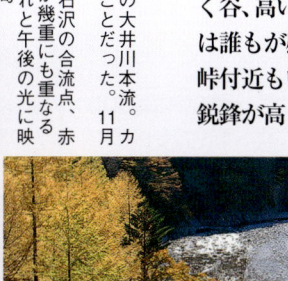

畑薙第二ダム下流付近の大井川。谷の両壁が色づいた木々で飾られるいい深流。11月上旬。

右下…中之宿付近の大井川本流。カラマツの黄葉がみごとだった。11月上旬
左上…大井川と赤石沢の合流点、赤石渡。紅葉の尾根が幾重にも重なる
左下…赤石沢の流れと午後の光に映える紅葉。10月下旬

127

15

MAP 12 P90-91

椹島▶笊ガ岳▶転付峠▶二軒小屋

南アルプス南部 ◆ 笊ガ岳

● 高く連なる南部の山々と富士山の大展望が魅力。笊ガ岳は椹島から日帰りも可能。

3泊4日

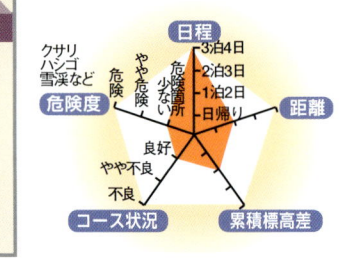

技術度
体力度
危険度

第❶日＝椹島ロッヂ（泊）
第❷日＝椹島→上倉沢→笊ガ岳→偃松尾南コル
第❸日＝偃松尾南コル→生木割→転付峠→二軒小屋
第❹日＝二軒小屋から下山

● 歩行距離
第2日＝10.5km
第3日＝10.0km
総　計＝20.5km

● 標高差
標高差＝1506m
（椹島〜笊ガ岳）

累積標高差
第2日＝＋2015m
　　　＝−639m
第3日＝＋333m
　　　＝−1459m

総　計＝＋2348m
　　　＝−2098m

● 2万5000図
赤石岳
新倉
七面山

COURSE-PLAN

農鳥岳以南の山域、特に笹山より南部は白根三山などに代表される岩稜の頂や残雪といったアルペン的ムードとは違い、頂上付近まで針葉樹が迫る樹林の山となっている。笊ガ岳の頂上は開放的ですばらしい展望が得られる。稜線の登山道は歩きやすく、危険箇所はない。

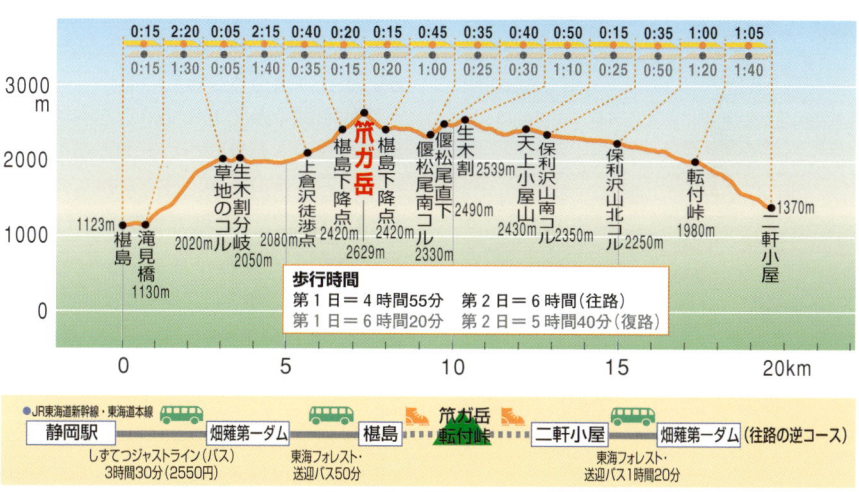

笊ガ岳山頂から南アルプスの北部を望む。
左から、塩見岳、仙丈ガ岳(中央奥)、白根三山

区間	0:15	2:20	0:05	2:15	0:40	0:20	0:15	0:45	0:35	0:40	0:50	0:15	0:35	1:00	1:05
	0:15	1:30	0:05	1:40	0:35	0:15	0:20	1:00	0:30	1:10	0:25	0:50	1:20	1:40	

地点: 椹島 1123m / 滝見橋 1130m / 草地のコル / 生木割ルノ岐 2020m / 上倉沢徒渉点 2050m / 椹島下降点 2420m / 笊ガ岳 2629m / 椹島下降点 2420m / 偃松尾南コル 2330m / 偃松尾直下 / 生木割 2539m / 天上小屋コル 2490m / 保利沢山南コル 2430m / 保利沢山北コル 2350m / 転付峠 2250m / 二軒小屋 1980m / 1370m

歩行時間
第1日＝4時間55分　第2日＝6時間(往路)
第1日＝6時間20分　第2日＝5時間40分(復路)

● JR東海道新幹線・東海道本線
静岡駅 ─ しずてつジャストライン(バス) 3時間30分(2550円) ─ 畑薙第一ダム ─ 東海フォレスト・送迎バス50分 ─ 椹島 ～ 笊ガ岳 ～ 転付峠 ～ 二軒小屋 ─ 東海フォレスト・送迎バス1時間20分 ─ 畑薙第一ダム(往路の逆コース)

15 椹島〜笊ガ岳〜転付峠〜二軒小屋

第2日 MAP12 P90-91
椹島から笊ガ岳・偃松尾南コルへ

第1日はP102を参照のこと。

椹島上流の滝見橋を渡り、すぐに右手の林に入る。鉄塔を通りすぎ、1857m地点までは急な登りだ。少し緩やかになって、2020mの小ピークを越えると明るい草地のコルに着く。ここを右寄りに進むと分岐に出て、右手に山腹を横切っていく。上倉沢までは6本の沢を横切るが、3本目の大きな滝のある沢では、踏跡が入り組んでいるので注意したい。

滝下から50mほど下流で対岸に渡ると急登となる。このルートは近年整備が進み、利用者も多くなった。涸れた上倉沢を歩き、東側の平坦な草地に上がる。ここはいざというときのテント場になる。すぐ北側に流水があるが、涸れている時は上倉沢を少し下って水を汲む。

左：上倉沢へ向かう途中の林の中から笊ガ岳を見上げる。高くそびえる樹林の山だ
右：笊ガ岳山頂より東を展望する。小笊の上に富士山がぽっかりと浮かぶ

滝見橋の上流側左岸にある笊ガ岳への登山口。少し奥まった林の縁にある

標高2629mの笊ガ岳山頂。森林限界を抜けたハイマツ帯なので、視界が開けている

緩やかなシラビソの森を抜け、小さな涸れ沢を少し歩き、再び落葉樹との混交林に入っていく。ひとがんばりすれば稜線の分岐に登り着く。笊ガ岳までは往復35〜50分ほど。頂上はハイマツ帯なので、開放的で非常に心地よい。展望も申し分なく、荒川三山、赤石岳、聖岳などが雄大にそびえている。東を望めば小笊の上に富士山が形よく浮かんでいる。時間の許す限りゆっくりしたい場所だ。

笊ガ岳から一気に下ると、白い砂地の鞍部に出る。ここをすぎた小ピークからかつて保川沿いに下るルートがあったが、現在は廃道となっている。

稜線を緩やかに下っていくと小さな水場のプレートが目につく。ここから左手に下った上倉沢源頭には流水がある。往復15分程度だ。水場のプレート付近にテントが1〜2張設営できる場所がある。本日の行動はここまでとしよう。

第3日 MAP12 P90-91
転付峠を経て二軒小屋へ

偃松尾分岐までは急登だが、距離は短いのでがんばろう。また、この先、転付

交通機関・山小屋問合せ

🚌🚃 大井川鉄道☎0547-45-4111、しずてつジャストライン☎054-252-0505、東海フォレスト☎0547-46-4717

🏠 椹島ロッヂ・椹島登山小屋・二軒小屋ロッヂ・二軒小屋登山小屋☎0547-46-4717

椹島ロッジ　　二軒小屋ロッジ

アドバイス Q&A

Q 途中に山小屋はないの？

A 山中には避難小屋もないので、テントや食糧は必ず携行しなくてはならない。テント設営の際も周囲に充分注意を払うこと。偃松尾南コルの水場付近は少人数用のテントしか張るスペースがない。

Q 帰りも送迎バスは利用できるの？

A 下山時に、二軒小屋ロッジから東海フォレストの送迎バスを利用するためには、二軒小屋ロッジに宿泊する必要があるので注意。なお、二軒小屋ロッジは完全予約制なので、事前に連絡が必要。

Q 白根南嶺とは？

A 間ノ岳から農鳥岳方面に続く稜線や山並みは「白根南嶺」とよばれている。白根三山とされる北岳、間ノ岳、農鳥岳の南方に連なる山々という意味だ。3000m級の農鳥岳から、約2000mの転付峠まで大きく標高を下げ、笊ガ岳で2629mまで取り戻している。さらに南は標高2000m前後の稜線が長く続く。一部の稜線は標高1041mの文珠岳まで続き、さらに一部の尾根は静岡市中心部の浅間神社の裏山まで続いている。

峠まで水場はないので注意したい。

　偃松尾の南西側を巻いて、ガレ場の上部に出る。足元に注意して通過しよう。稜線上の肩になっている部分を2箇所通過すると、中央がくぼんだ生木割（なまきわり）の頂上に到着する。

　生木割からは、針葉樹の中を上下しながらぐんぐん進んでいく。倒木が多いが、踏跡はしっかりしている。天上小屋山（てんじょうごややま）はプレートがあるものの、山頂らしさや展望はない。登山道は、薄暗い保利沢山南コルから、稜線の西側をトラバースして進むようになる。今までシラビソなどが多かったが、途中からカラマツに変わる。道は平坦で非常に歩きやすい。

　広々とした保利沢山北コルを通りすぎると、湿った感じの針葉樹林帯に入る。10分ほど歩くと登山道は左に折れ、林

笊ガ岳より南方面の展望。左は布引山、右奥は稲又山と青薙山。遠方は大無間山

131

15 椹島〜笊ガ岳〜転付峠〜二軒小屋

笊ガ岳から偃松尾に向かう。樹木の背丈が低いので、明るい雰囲気である

注意していないと通りすぎてしまいそうな天上小屋山の山頂部。展望はない

道に飛び出す。道沿いに進むと、現在利用されている二軒小屋からの林道に合流する。二軒小屋へ下る登山道の分岐付近が転付峠だ。あたりはカラマツ林と笹原が広がり、ところどころに針葉樹の大木が見られる。梢越しには千枚岳や東岳（悪沢岳）の北尾根も展望できる。この先の祠の横から下る登山道は内河内川（東側）を経て田代入口へ。

二軒小屋への分岐から林に入り、平坦な笹原を抜ければベンチのある展望台。赤石岳や聖岳をゆっくり眺めることができる。

展望台から二軒小屋までは1時間ほど。カラマツやコメツガに囲まれた、しっかりとした道をつづら折りに、やや南へ向かいながら下っていく。登山道脇の樹木にはネームプレートが取りつけられており、自然学習もできる。2つ目のベンチをすぎれば二軒小屋は近い。井川山神社の鳥居の前を通り、一番北にあるりっぱな3階建ての建物に向かう。ここが二軒小屋ロッヂで、登山小屋での宿泊やテント場の受付も行っている。

第3日 MAP12 P90-91
二軒小屋から下山

二軒小屋ロッヂに宿泊した場合に限り、椹島経由で畑薙第一ダムまで送迎バスが利用できる。

伝付峠付近の稜線から大井川源流部を見下ろす。山肌が急峻に落ち込み、山の深さをみせている

上：転付峠には林道が通っている。広々とした峠で、明るくのどかだ
下：転付峠からカラマツのつづら折りの道を下り、二軒小屋ロッジに到着

サブコース——4

MAP 12 P90-91

田代入口▶転付峠▶二軒小屋▶千枚岳

■ 第1日

　身延線身延駅から奈良田行きのバスに乗る。田代入口のバス停は小之島トンネルの北側、早川にかかる新しい橋のたもとにある。上流にかかる古い橋を渡り、内河内川沿いに車道を歩く。田代川発電所に向かう橋をすぎた鉄塔の近くが転付峠への登山道入口だ。

　しばらくは河原沿いの道。吊橋跡をすぎ、谷が開けてくると保利沢小屋に到着する。尾根に取り付くとつづら折りの登り。転付峠の手前では流水がある。

　転付峠には小さい祠があり、すぐ横には林道が通っている。梢越しに千枚岳や東岳（悪沢岳）の北尾根が展望できる。あとはカラマツ林を二軒小屋ロッヂへ。

■ 第2日

　大井川を右岸に渡り、急坂を登りはじめる。2つ目のガレ場まではシラビソや針葉樹の中の急登が続く。シラビソの林を登りつめるとマンノー沢ノ頭だ。北寄りに2503.4mの三角点があり、伐採された林の間から間ノ岳や農鳥岳、塩見岳が遠くに見える。

　千枚薙の上部に近づくにつれ、急登となる。指導標のある千枚小屋への分岐点を右に曲がり、頂上へ向かう。

　2879.8mの千枚岳山頂は大展望地。赤石岳の端麗な姿と巨大さには感心するばかりである。

広河原発電所から保利沢小屋付近まで歩くには、内河内川の河原沿いの道は滑りやすくなかなか降雨時は土砂崩れなども起こるので注意しておこう

右：転付峠から東方を眺める。眼下の谷は内河内川。富士山も見える
下：転付峠から二軒小屋ロッヂに向かう道は美しいカラマツの林

参考コースタイム

第1日　田代入口（1時間30分→←1時間10分）広河原（2時間→←1時間30分）保利沢小屋（2時間→←1時間10分）転付峠（1時間5分→←1時間40分）二軒小屋

第2日　二軒小屋（4時間20分→←2時間30分）マンノー沢ノ頭（2時間10分→←1時間10分）千枚小屋分岐（25→←20分）千枚岳

16 田代中 ▶ 小無間山 ▶ 大無間山

MAP 13 P92-93

南アルプス南部 ◆ 大無間山・小無間山

唐松谷ノ頭から見る朝の大無間山。雲の上に浮かぶ樹林の山もいい

● イワカガミ咲く原生林を歩き、南部の山々が一望できる深山へ。岩山にない不思議な魅力。

(地図：大無間山、唐松谷ノ頭、中無間山、小無間山、池口岳、小無間小屋、鋸歯、雷段、大井川、田代中)

1泊2日
- 技術度 ★★
- 体力度 ●●●
- 危険度 ▲▲

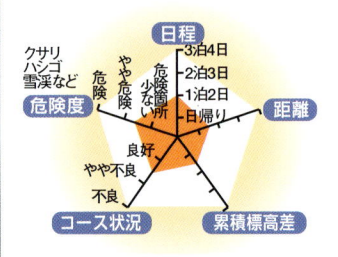

第❶日＝ 田代中〜小無間小屋〜小無間山〜大無間山
第❷日＝ 大無間山〜小無間山〜小無間小屋〜田代中

- **歩行距離**
  - 第1日＝9.0km
  - 第2日＝9.0km
  - 総　計＝18.0km

- **標高差**
  - 標高差＝1669m（田代中〜大無間山）
  - 累積標高差
  - 第1日＝＋1956m ＝－306m
  - 第2日＝＋306m ＝－1956m
  - 総　計＝＋2262m ＝－2262m

- **2万5000図**
  - 畑薙湖

登山適期（山野草／残雪期／春／夏山／秋山／紅葉／冬山／積雪期　4月〜11月）

COURSE-PLAN

以前は難路として知られ、入山者もごく一部の人に限られていたようだが、最近ではだいぶ歩きやすくなった。鋸歯から大無間山にかけての登山道脇には、いたるところでイワカガミが白や紅色の花を咲かせている。大無間山山頂付近から一望する南アルプス南部の山々はみごとで、巨大な樹林の山塊が連なるこの景色は非常に独特でもある。ただし、大無間山まで往復するにはテント泊まりとなり、水も多めに持ち上げなくてはならないので、それなりの体力と心づもりが必要である。時期を選び、体調を整えて出かけてほしい。

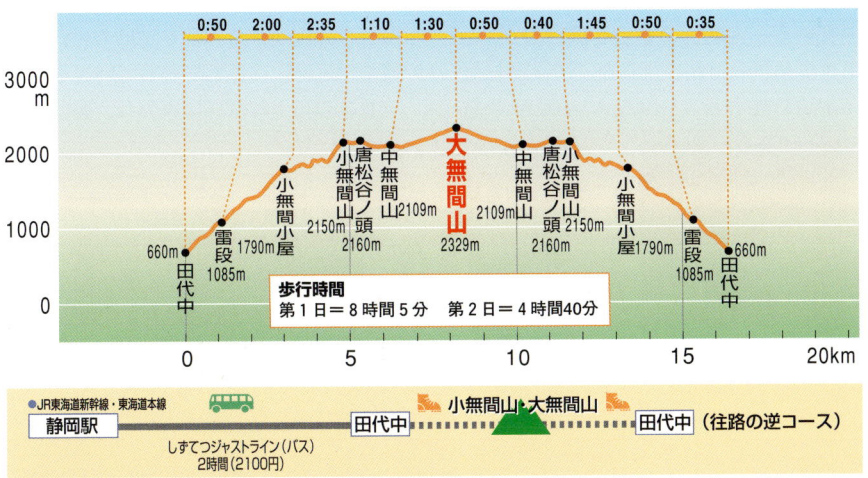

| | 0:50 | 2:00 | 2:35 | 1:10 | 1:30 | 0:50 | 0:40 | 1:45 | 0:50 | 0:35 |

標高プロフィール:
- 田代中 660m
- 雷段 1085m
- 小無間小屋 1790m
- 唐松谷ノ頭 2150m
- 中無間山 2109m
- **大無間山 2329m**
- 中無間山 2109m
- 唐松谷ノ頭 2150m
- 小無間小屋 1790m
- 雷段 1085m
- 田代中 660m

歩行時間　第1日＝8時間5分　第2日＝4時間40分

● JR東海道新幹線・東海道本線
静岡駅　しずてつジャストライン（バス）2時間(2100円)　田代中　小無間山・大無間山　田代中（往路の逆コース）

135

16 田代中～小無間山～大無間山

第1日 MAP13 P92-93
田代中から小無間山・大無間山へ

　静岡市街にあるしずてつジャストライン新静岡センターまたはJR静岡駅から畑薙第一ダム行きのバスに乗り、井川駅をすぎて約30分ほどのところにある田代中バス停で下車する。

　民宿から約50m上流に向かい、車道を左手に入ると諏訪神社の鳥居があり、脇には名水と讃えられる湧き水があふれ出ている。今日のテント設営予定地である大無間山にも水場はあるが、あまりあてにせず、途中で泊まることも考えて、しっかり飲料水を補充しておいた方がよい。1人当たり4ℓは必要である。

　諏訪神社の鳥居をくぐり抜け、林の中の広い道を進む。植林の中を進み、尾根上に出ると分岐があるので、ここを左折する。ひと息つきたいと思うころ、しっかりとした尾根にたどり着く。ここは雷段とよばれる標高1085m地点である。

　雷段からはしばらく緩やかな道を進むが、鉄塔をすぎたあたりから傾斜も急になってくる。周囲は植林と落葉広葉樹が混在し、ところどころにツツジの花が咲いている。大島沢の水音を聞きながら、落葉広葉樹の斜面を登ると、広々とした尾根道に変わる。1402mの小ピークを

右：小無間山の登りから振り返って見るP1。鋸歯の高さと鋭さには感心
左：P3付近から見たP2の尖峰。鞍部からの標高差は100m近い

すぎるとカラマツの林が現れ、道はなだらかな尾根を進む。山深さを徐々に感じながら、マイヅルソウとヤマイワカガミが咲く急登を頑張れば、1796.2mの三角点があるP4に到着する。

　ピークをあとにして下りはじめると、高く鋭いP3が木々の合間に姿を現す。ここから小無間山にかけてが鋸歯とよばれる地点で、コース中の核心部である。岩と木の根がからみ合う足場の悪い道が続く。足元に注意して登っていこう。

　P3の頂上は樹林に覆われ、展望はき

左：小無間山登山口となる諏訪神社の鳥居。近くにはおいしい水が湧き出ている
中：登山道には色鮮やかなツツジの花びらが広がる。イワカガミも多い
右：小無間山山頂はテントが5張りほど設営できる。展望はない

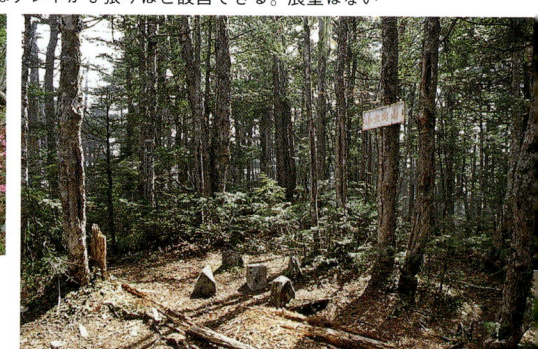

かない。P2も鋭さはそれほどでもないが、高さはなかなかである。

　P1を下りきると青笹山(あおざさやま)付近の稜線が展望できる崩壊地上部に着く。ここから小無間山まで標高差約300mの急登だ。

　1時間弱で標高2149.6mの小無間山に到着。山頂はシラビソなどの針葉樹に囲まれた平坦地で、残念ながら展望はない。周囲はダケカンバとシラビソがうっそうと茂る原生林。緩やかな稜線を30分も歩けば、南西側が大きく崩れた唐松谷ノ頭(からまつだにのあたま)に着く。この崩壊地の縁からは雄大な大無間山と関ノ沢川(せきのさわ)の深い谷を望むことができる。

小無間山から大無間山まではシラビソとダケカンバのうっそうとした原生林が続く。不思議なぬくもりと安心感がある

交通機関・山小屋問合せ

🚌 大井川鉄道☎0547-45-4111、しずてつジャストライン☎054-252-0505
🏠 田代の民宿☎054-251-5880（静岡市観光協会）

アドバイス Q&A

Q 登山口、駐車場は？
A 車の場合は、田代中バス停から約100m南に公衆トイレがあり、その前の駐車場に車を置くことができる。駐車可能台数は12台。この駐車場からは道路を約50m北に進み、左手、つまり山側の集落に向かう狭い車道に入る。突き当たった車道を右折すれば諏訪神社の鳥居が見えてくる。バスの場合は、停留所前の民宿「ふるさと」の上流側から左手の車道に入る。

登山口近くの駐車場

Q 途中に小屋、水場は？
A 静岡市営小無間小屋は無人だが、この山域では唯一の小屋である。収容人員は10人で通年使用できる。水場はない。大無間山では、山頂から南に樹林帯を下り、鞍部から関ノ沢源流部へ下っていく。下降路は足場が悪い。往復約20分。流水は少ないこともあるので、ある程度水を持って上がった方がよい。

小無間小屋は無人。近くに水場はない

16 田代中～小無間山～大無間山

中無間山までは危険箇所はないものの、倒木が多いため道が入り乱れている。

中無間山からは北に下る道には進まず、南西方向に下っていく。稜線を進み、遭難碑を右手に見送ると西側の樹林が途切れ、展望地に出る。展望地にある岩の上からは光岳〜荒川三山のみごとな山並みと、深緑の大根沢山を一望することができる。

展望地からはひと息で大無間山に到着する。

展望地から見る朝の南アルプス深南部。悪沢岳(右奥)、赤石岳、聖岳から光岳、大根沢山までの大パノラマが広がる

上：大無間山山頂から15分ほど東側の展望地では南部の山々が一望できる
下：大無間山の山頂は広々とした平坦地。周囲の樹木が防風林の役目を果たしてくれる

山頂はテントが20張り以上も設営できそうな広々としたところで、周囲を取り囲むシラビソとコメツガの林が防風林となっている。しかし、かつてあった木組みの見晴らし台が撤去されてしまったため展望はきかない。わずかに富士山山頂部がのぞく程度である。

第2日 MAP⓭ P92-93
大無間山から往路を下山

昨日来た道を10分ほど戻り、展望地で朝の景色を充分楽しもう。帰路で注意する箇所は、中無間山頂上で北へ向かう道に入らないこと、それに小無間山〜小無間小屋間の鋸歯の通過である。

南アルプス南部の魅力 ❸
地元の人や観光客でにぎわう富士見峠の朝市

MAP広域図 P82左下

週末の富士見峠には生産者の人たちのテントがずらりと並ぶ。奥は駐車場と展望台、トイレがある

取りたてのシイタケとシカ肉に醤油をたらし、炭火で焼く。香ばしい匂いが食欲をそそる

　静岡市街から県道三峰落合線および南アルプス公園線を井川方面に向かって1時間30分ほどのところに、富士見峠がある。峠の展望台からは、聖岳や上河内岳、茶臼岳などが展望でき、眼下には井川湖が広々と横たわっている。

　この峠の駐車場では、土・日曜の昼間、しばしば特産市が開かれている。毎回、豊富な品物を並べた簡易テントがいくつも並ぶ。市を開いている人達はみんな気さくで、人当たりがとてもよい。

　売られているものは主として井川地方の特産物で、お茶やワサビ、漬け物、椎茸、コンニャク、山菜など。ワサビは大きいものが安く売られていてたいへんお得だ。茎も食べられ、あっさりとしていてさわやかな香り。漬け物は種類が実に豊富で、試食も自由。手作りのこんにゃくは四角ではなく、ボールのよう。歯ごたえがしっかりしている。そば粉や粟まで並んでいるのには感動するだろう。

　珍しいものとしてはメンパ（木でつくった漆塗りの丸い入れ物。地元の人がお弁当入れとして昔から使っている）、熊の皮、鹿の皮（雪の上に敷くと服が濡れないので、猟師、山仕事の人たちに愛用されている）、猿の腰掛もある。お茶のもてなしもあって、特産物を持ってきたおばあさんたちと会話がはずみ、楽しいひとときをすごすことができる。

　マイカーを利用して南アルプス南部の山々を訪れた際には、ぜひ立ち寄ってみてはいかがだろう。

みごとなワサビがずらりと並ぶ。奥は梅干、山菜つけもの、みそなど

おすすめ山の温泉ガイド

下山後の大きな楽しみが温泉だ。登山口周辺にある立ち寄り湯を厳選した。山旅の余韻にひたりながらゆっくりと温泉につかろう。

中央アルプス

こまくさの湯（駒ヶ根高原）
MAP③右中●☎0265-81-8100　料金／500円　営業10～21時　休日／第2・4水曜●平成9年にオープンし、14年にはリニューアルを施した人気の日帰り温泉。大浴槽、ジェットバス、サウナ、薬湯、露天風呂が充実。2階休憩室の壁面は筆者・津野祐次の作品を常設する写真ギャラリー。1階の「ふるさと体験館」は地元特産の地ビールや軽食もとれ好評だ。

桟温泉
MAP②左中●☎0264-52-2276　料金／800円　営業9～21時　休日／無休●木曽川のほとりに建つ一件宿で、日帰り入浴可。奇岩がそそり立つ名勝、寝覚ノ床に近く、川の風情がいい。

みはらしの湯（伊那市）
MAP⑤右下●☎0265-76-8760　料金／500円　営業10時～21時30分　休日／第1・3火曜●みはらしファームという広大な農業公園内にある日帰り温泉施設。露天風呂からの南アルプス仙丈ガ岳、甲斐駒ガ岳、間ノ岳などの展望は絶景。サウナやジェットバス、打たせ湯などの浴槽もある。

秀山荘温泉
MAP／広域図中央●☎0264-23-8111　料金／500円　営業12時30分～21時　休日／無休●木曽駒高原スキー場から近く、こぢんまりと落ち着いた雰囲気の湯宿。茶褐色の湯が特徴。

駒の湯
MAP②中上●☎0264-23-2288　料金／700円　営業11～22時　休日／無休●檜造りの建物が魅力的な木曽の秘湯といえる一軒宿。鉄鉱泉と薬草風呂が男女別にある。日帰り入浴もできる。

家族旅行村露天こぶしの湯
MAP／広域図右中●☎0265-83-7228　料金／500円　営業10～21時　休日／第2・4木曜●巨大なレジャー施設、駒ヶ根高原家族旅行村内の温泉施設。露天風呂からの展望がいい。

恋路の湯
MAP／広域図左中●☎0264-55-3331　料金／800円　営業10～21時　休日／第三水曜●フォレスパ木曽の一角にある日帰り温泉施設。大浴場と露天の岩風呂が好評。

こまゆき荘（駒ヶ根高原）
MAP③右中●☎0265-81-7272　料金／500円　営業5～22時　休日／無休●駒ヶ根高原を流れる太田切川の対岸、宮田村に建つ日帰り温泉施設で、宮田観光ホテルに隣接している。

ひるがみ

MAP／広域図中下●☎0265-43-2255 料金／500円 営業10〜19時 休日／無休●歴史は古く、250年前の古書にも記されている。湯量豊富なアルカリ単純硫黄泉の湯は美人の湯として広く知られる。大きな天然石と緑に囲まれた露天風呂が気持ちいい公共の温泉保養施設。

湯ったりーな昼神

MAP／広域図中左●☎0265-43-4311 料金／500円 営業10〜22時 休日／水曜●平成13年オープン。温泉利用で健康づくりを目指した新しいタイプの日帰り温泉施設。可動床を備えた運動浴槽と歩行浴槽は体力増進、リハビリにも最適。大浴場、露天風呂、サウナも充実。

砂払温泉（飯田市）

MAP⑥中下●☎0265-22-1209 料金／土・日曜、祝日600円、平日550円 営業11〜23時 休日／無休●飯田駅から先の風越山の入下山口にほど近いところに建つ日帰り入浴可能な温泉宿。平成19年にリニューアルされ、より快適になった。入浴料のほかに協力費150円が必要。

南アルプス南部

奈良田の里温泉

MAP／広域図右上●☎0556-48-2552 料金／400円 営業9〜19時 休日／水曜●奈良時代の女帝、孝謙天皇がこの温泉で病を癒したという伝説がある。42.5℃の源泉がそのまま檜造りの浴槽に流れていて、ぬるめのお湯が気持ちいい。大きな窓からは南アルプスの山々と奈良田湖が一望できる。ぬめりのあるナトリウム泉は飲むこともできる。

鹿塩温泉山塩館

MAP／広域図中上●☎0265-39-1010 料金／600円 営業10時30分〜15時 休日／なし●標高750mの山中に海水と同じ塩分濃度の塩泉が湧く。浴槽は檜風呂と大鹿町の天然石を使った石風呂の2種類があり、日替わりで男女交代制。

かぐらの湯

MAP／広域図中央●☎0260-34-1085 料金／600円 営業10〜21時 休日／木曜●霜月祭りで知られる南信濃村にある日帰り温泉施設。サウナ、打たせ湯、水風呂など設備は充実している。なかでも、サンルームのような寝湯が気持ちいい。

白樺荘

MAP／広域図中央●☎054-260-2021 料金／無料 営業10〜16時 休日／火曜（8〜11月無休）●単純硫黄泉の透明な湯が引かれている。男女別の浴槽はそれぞれ15人ほど入れる。施設の前では朝市も開かれ、地元の特産品が並ぶ。

ヘルシー美里

MAP⑫右中●☎0556-48-2621 料金／400円 営業10〜19時 休日／無休●早川町営の温泉施設で、建物は廃校となった木造校舎を改修したもの。大小2つの浴槽があり、景色もよい。館内の食堂では山菜料理やほうとうなど郷土料理も味わえる。

雨畑湖温泉（VILLA雨畑）

MAP／広域図右中●☎0556-45-2213 料金／400円 営業10〜20時 休日／無休●浴室は地下と別棟の2カ所あり、日替わりで男女入れ替え制。人気の高い別棟の浴室は木造で屋根が六角形のユニークな造り。浴槽につかると硫黄の香りがする。

寸又峡温泉（美女づくりの湯）

MAP／広域図中央●☎0547-59-3985 料金／400円 営業7時〜19時30分 休日／木曜●寸又峡温泉唯一の公共浴場。造りは質素だが、ログハウス風の丸太に囲まれた露天風呂が人気。湯は美肌効果の高い硫黄泉で肌がすべすべと潤う。

森林露天風呂（接阻峡温泉）

MAP／広域図中央●☎0547-59-3721 料金／700円 営業8〜20時 休日／毎月8・18・28日●接岨峡温泉駅前にある露天風呂と内湯のみの小さな施設。露天風呂は見晴らしはないが緑に囲まれ落ち着いた雰囲気。アルカリ性のつるつるした湯。

接阻峡温泉会館

MAP／広域図中央●☎0547-59-3764 料金／300円 営業10〜20時 休日／第1・3木曜●若返りの湯ともよばれる川根本町営の温泉施設。地域住民のための施設なのでリーズナブルな値段も魅力。周囲にはお茶畑が広がり、野菜の無人販売所もある。

141

中央アルプス・南アルプス南部
データ・ファイル

営業山小屋・宿泊施設

名称	収容	開設期間	連絡先電話	現地電話(予約電話)	連絡先住所
中央アルプス					
ホテル千畳敷	72人	通年	☎0265-83-3107	☎0265-83-5201	〒399-4117 長野県駒ヶ根市赤穂759-489中央アルプス観光予約センター
宝剣山荘	250人	4/下～11/上	☎0265-83-2133	☎090-5507-6345	〒399-4301 長野県上伊那郡宮田村4752-4　宮田観光ホテル
天狗荘	250人	7/上～8/下	☎0265-83-2133	同上	〒399-4301 長野県上伊那郡宮田村4752-4　宮田観光ホテル
駒ガ岳頂上山荘	200人	7/上～10/上	☎0265-83-2133	同上	〒399-4301 長野県上伊那郡宮田村4752-4　宮田観光ホテル
大樽小屋	10人	通年(無人)	☎0265-78-4111		〒396-8617 長野県伊那市伊那部3050 伊那市役所商工課
西駒山荘	40人	7月第2土曜～9月第2金曜	☎0265-78-4111	☎090-2660-0244	〒396-8617 長野県伊那市伊那部3050 伊那市役所商工課
木曽駒ガ岳七合目避難小屋	20人	通年(無人)	☎0264-22-2001		〒397-8585 長野県木曽郡木曽町福島5129　木曽町役場木曽福島支所
玉ノ窪山荘	150人		☎0264-52-2682	☎090-4181-8573	〒399-5607 長野県木曽郡上松町小川2504　松原辰雄
頂上木曽小屋	200人	4/末～11/3	☎0264-52-3882		〒399-5602 長野県木曽郡上松町本町通1-26　畑政市
山ノ湯小屋	80人	通年	☎0264-52-2547		〒399-5607 長野県木曽郡上松町小川2794　今井久美
敬神ノ滝山荘	20人	7/1～8/31	☎0264-52-2547 (山ノ湯アルプス山荘)		〒399-5607 長野県木曽郡上松町小川2794　今井久美
金懸小屋	100人	通年(無人)	☎0264-52-2001		〒399-5603 長野県木曽郡上松町本町通2-13 上松町役場産業観光課
檜尾避難小屋	20人	通年(無人)	☎0265-83-2111		〒399-4192 長野県駒ヶ根市赤須町20-1 駒ヶ根市役所商工観光課
木曽殿山荘	120人	7/1～10/10	☎0573-72-4380	☎090-7914-5243	〒508-0001 岐阜県中津川市福岡2328-95　澤木公司
空木岳駒峰ヒュッテ	40人	7/20～10/12 (9/1からは週末のみ)	☎0265-83-6816	☎090-4462-5353	〒399-4117 長野県駒ヶ根市赤穂11456-636　林秀也
空木平避難小屋	30人	通年(無人)	☎0265-83-2111		〒399-4192 長野県駒ヶ根市赤須町20-1 駒ヶ根市役所商工観光課
池山小屋(林内作業所)	50人(無人)	通年	☎0265-83-2111		〒399-4192 長野県駒ヶ根市赤須町20-1　駒ヶ根市役所耕地林務課
越百小屋	40人	通年(12～4月は無し)		☎090-7699-9337	〒509-5301 岐阜県土岐市妻木町1406-10　伊藤憲市
萬岳荘	30人	4/29～11/中	☎0265-43-2220		〒395-0303 長野県下伊那郡阿智村智里483 阿智村役場企画観光課
恵那山山頂小屋	15人	通年(無人)	☎0573-66-1111		〒508-8501 岐阜県中津川市かやの木町2-1中津川市役所商工観光課
南アルプス南部					
塩川小屋	36人	7～8月末年末年始・連休のみ営業	☎0265-39-2646		〒399-3501 長野県下伊那郡大鹿村鹿塩1515　伊東秀雄
三伏峠小屋	150人	7/上～10/下	☎0265-39-3110		〒399-3501 長野県下伊那郡大鹿村鹿塩631　山塩館
鹿塩の旅館	3軒・130人	通年	☎0265-39-2381		〒399-3502 長野県下伊那郡大鹿村大河原354　大鹿観光協会
小河内岳避難小屋	20人	7/中～8/31	☎0547-46-4717		〒428-0021 静岡県島田市金谷河原753-1 (株)東海フォレスト・サービス事業部
高山裏避難小屋	20人	7/中～8/31	☎0547-46-4717		同上
荒川中岳避難小屋	30人	7/中～9/30	☎0547-46-4717		同上
千枚小屋	150人	7/中～10/中	☎0547-46-4717		同上
二軒小屋ロッヂ	48人	4/下～11/上	☎0547-46-4717	☎0556-48-2154	同上
二軒小屋登山小屋	40人	4/下～11/上	☎0547-46-4717	☎0556-48-2154	同上
椹島ロッヂ	200人	4/下～11/下	☎0547-46-4717	☎054-260-2370	同上
椹島登山小屋	100人	4/下～11/下	☎0547-46-4717	☎054-260-2370	同上
荒川小屋	100人	7/中～9/下	☎0547-46-4717		同上
赤石小屋	70人	7/中～10/中	☎0547-46-4717		同上
赤石避難小屋	40人	7/中～9/下	☎0547-46-4717		同上
百間洞山ノ家	60人	7/中～9/下	☎0547-46-4717		同上
兎岳避難小屋	10人	通年	☎0260-34-5111		〒399-1311 長野県飯田市和田1379 南信濃自治振興センター
聖平小屋	100人	7/中～9/中	☎054-260-2211		〒428-0504 静岡県静岡市井川656-2　静岡市観光協会井川支部
茶臼小屋	60人	7/中～9/中	☎054-260-2211		同上
横窪沢小屋	60人	7/中～8/下	☎054-260-2211		同上
光小屋	40人	7/10～9/中	☎0547-59-3111		〒428-0411 静岡県榛原郡川根本町千頭1183-1 川根本町役場総合支所
聖光小屋	24人	5/上～11/上	☎090-5428-3777	☎090-5428-3777	〒399-1311 長野県飯田市和田1379 南信濃自治振興センター
小無間小屋	10人	通年(無人)	☎054-260-2211		〒428-0504 静岡県静岡市井川656-2　静岡市観光協会井川支部

キャンプ場指定地

名称	場所	水場	標高	設営数	幕営料	問合せ
中央アルプス						
木曽駒ガ岳	頂上山荘付近	山荘	2850m	100張	600円	宝剣山荘
山ノ湯	上松道二合目	給水施設	1050m	100張	300円+1500円	山ノ湯アルプス山荘
南アルプス南部						
三伏峠小屋	三伏峠小屋付近	流水	2580m	20張	600円	三伏峠小屋
高山裏	避難小屋付近	流水	2408m	20張	600円	椹島ロッヂ

名称	場所	水場	標高	設営数	幕営料(1人)	問合せ
千枚小屋	千枚小屋付近	流水	2615m	50張	600円	椹島ロッヂ
椹島	椹島ロッヂ付近	給水施設	1125m	50張	600円	椹島ロッヂ
荒川小屋	荒川小屋付近	流水	2600m	30張	600円	椹島ロッヂ
赤石小屋	赤石小屋付近	流水	2533m	15張	600円	椹島ロッヂ
百間洞	百間洞山ノ家	給水施設	2500m	20張	600円	椹島ロッヂ
聖平	聖平小屋跡	給水施設	2270m	90張	500円	聖平小屋
茶臼小屋	茶臼小屋付近	流水	2400m	45張	500円	茶臼小屋
光小屋	光小屋付近	流水	2591m	10張	400円	光小屋
二軒小屋	二軒小屋	流水	1390m	20張	600円	二軒小屋ロッヂ
井川キャンプ場	田代	給水施設	664m	40張	300円+3500円	井川キャンプ場 ☎054-260-2322
便ガ島	聖光小屋付近	流水	970m	40張	500円	聖光小屋

山小屋&中央アルプス・南アルプス南部関連ホームページ

中央アルプス		南アルプス南部	
ホテル千畳敷	http://www.chuo-alps.com	三伏峠小屋	http://www.yamashio.com/
檜尾避難小屋	http://www.city.komagane.nagano.jp/	二軒小屋ロッヂ	http://www.t-forest.com/alps/
山ノ湯アルプス山荘	http://www.town.agematsu.nagano.jp/	椹島ロッヂ	http://www.t-forest.com/alps/
玉ノ窪山荘	http://www.town.agematsu.nagano.jp/	東海フォレスト（登山情報）	http://www.t-forest.com/alps/
頂上木曽小屋	http://www.town.agematsu.nagano.jp/		
木曽殿山荘	http://www.town.agematsu.nagano.jp/		
萬岳荘	http://www.enasan-net.ne.jp/bangaku/		

市町村役場

名称	電話	住所	URL
中央アルプス			
伊那市役所	☎0265-78-4111	〒396-8617 長野県伊那市伊那部下新田3050	http://www.city.ina.nagano.jp/
駒ヶ根市役所	☎0265-83-2111	〒399-4192 長野県駒ヶ根市赤穂町20-1	http://www.city.komagane.nagano.jp/
飯田市役所	☎0265-22-4511	〒395-5801 長野県飯田市大久保町2534	http://www.city.iida.nagano.jp/
南箕輪村役場	☎0265-72-2104	〒399-4592 長野県上伊那郡箕輪村南殿4825-1	http://www.vill.minamiminowa.nagano.jp/
上松町役場	☎0264-52-2001	〒399-5603 長野県木曽郡上松町本町通2-13	http://www.town.agematsu.nagano.jp/index.html
宮田村役場	☎0265-85-3181	〒399-4392 長野県上伊那郡宮田村町一区98	http://www.vill.miyada.nagano.jp/
大桑村役場	☎0264-55-3080	〒399-5503 長野県木曽郡大桑村長野2778	http://www.kiso-ookuwa.com/
中津川市役所	☎0573-66-1111	〒508-8501 岐阜県中津川市かやの木町2-1	http://www.city.nakatsugawa.gifu.jp/
南アルプス南部			
大鹿村役場	☎0265-39-2001	〒399-3502 長野県下伊那郡大鹿村大河原354	http://www.ooshika.com/
川根本町役場	☎0547-59-3111	〒428-0411 静岡県榛原郡川根本町千頭1183-1	http://www.land-net.co.jp/honkawane/
島田市金谷庁舎	☎0547-46-5612	〒428-8650 静岡県島田市金谷河原3400	http://workshop.pplus.co.jp/kanaya/
静岡市役所井川支所	☎054-260-2211	〒428-0504 静岡県静岡市井川656-2	http://www.city.shizuoka.shizuoka.jp/

県警察本部

長野県警察本部地域課	☎026-233-0110	〒380-8510 長野市大字南長野幅下692-2	http://www.avis.ne.jp/~police/
岐阜県警察本部地域課	☎058-271-2424	〒500-8501 岐阜県岐阜市薮田南2-1-1	http://www.pref.gifu.jp/POLICE/index.htm
静岡県警察本部地域課	☎054-271-0110	〒420-8610 静岡県静岡市追手町9-6	http://www.wbs.ne.jp/cmt/kenkei/index.html

交通機関(バス・ケーブル)

エリア	会社名	問合せ電話	URL
中央アルプス	伊那バス(伊那市)	☎0265-72-5111	http://www.inabus.co.jp/
	伊那バス(駒ヶ根)	☎0265-83-4115	
	中央アルプス観光(バス・ロープウェイ)	☎0265-83-3107	http://www.chuo-alps.com
	信南交通飯田バスセンター	☎0265-24-0007	
	おんたけ交通バス	☎0264-22-2444	
	富士見台高原ロープウェイ	☎0265-44-2311	
南アルプス南部	伊那バス(松川)	☎0265-36-2135	http://www.inabus.co.jp
	静岡鉄道(しずてつジャストライン)	☎054-252-0505	http://www.shizutetsu.co.jp/
	大井川鉄道	☎0547-45-4111	http://www.oigawa-railway.co.jp
	東海フォレスト(送迎バス)	☎0547-46-4717	http://www.t-forest.com/alps/

交通機関(タクシー)

最寄り駅名	会社名	問合せ電話	最寄り駅名	会社名	問合せ電話
中央アルプス			飯田駅	朝日交通	☎0265-22-0373
伊那市駅	白川タクシー	☎0265-72-2151		長姫タクシー	☎0265-22-2929
	伊那タクシー	☎0265-76-5111	南アルプス南部		
	つばめタクシー	☎0265-72-3111	平岡駅	遠山タクシー	☎0260-32-2061
駒ヶ根駅	赤穂タクシー	☎0265-83-5221	伊那大島駅	丸茂タクシー	☎0265-36-3333
	丸正タクシー	☎0265-82-3101	静岡駅	静鉄タクシー	☎054-281-5111
木曽福島駅	おんたけタクシー	☎0264-22-2525		静岡中央タクシー	☎054-285-2191
	木曽交通	☎0264-22-3666		平和タクシー	☎054-251-1155
上松駅	おんたけタクシー	☎0264-22-2054		アサヒ交通	☎054-262-1212
大桑駅	南木曽観光タクシー	☎0264-55-4155	金谷駅	大井タクシー	☎0547-45-3131
飯田駅	いいだタクシー	☎0265-22-1111	井川駅・千頭駅	大鉄タクシー	☎0547-59-2355

143

木曽駒ガ岳山頂からの山岳展望図

佐古清隆＝図と解説

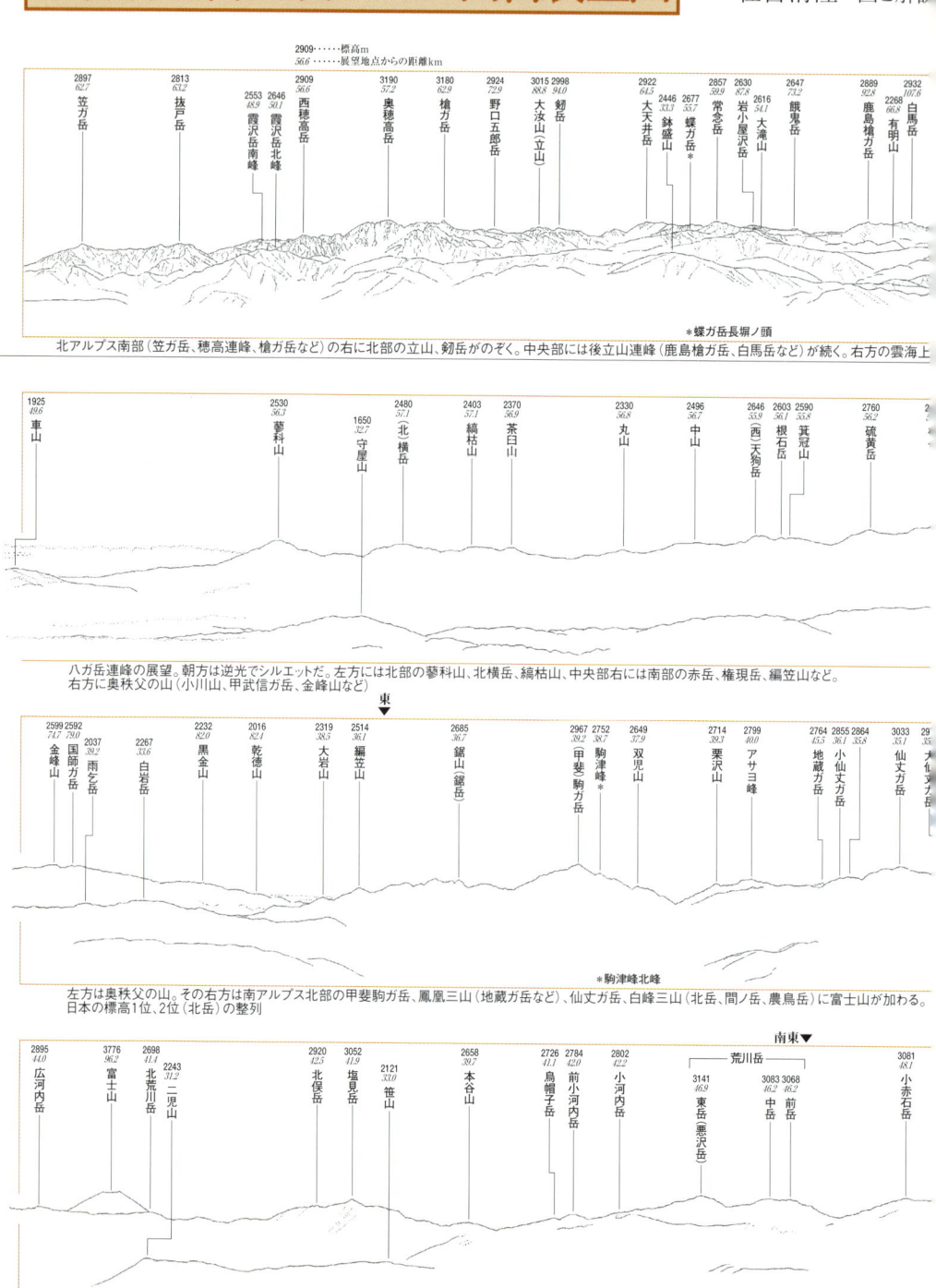

2909……標高m
56.6……展望地点からの距離km

標高	距離	山名
2897	62.7	笠ガ岳
2813	63.2	抜戸岳
2553	48.9	霞沢岳北峰
2646	50.1	霞沢岳南峰
2909	56.6	西穂高岳
3190	57.2	奥穂高岳
3180	62.9	槍ガ岳
2924	72.9	野口五郎岳
3015	88.8	大汝山（立山）
2998	94.0	剣岳
2922	64.5	大天井岳
2446	33.3	鉢盛山
2677	55.7	蝶ガ岳 *
2857		常念岳
2630	67.8	岩小屋沢岳
2616	54.1	大滝山
2647	73.2	餓鬼岳
2889	92.8	鹿島槍ガ岳
2268	66.8	有明山
2932	107.6	白馬岳

＊蝶ガ岳長塀ノ頭

北アルプス南部（笠ガ岳、穂高連峰、槍ガ岳など）の右に北部の立山、剣岳がのぞく。中央部には後立山連峰（鹿島槍ガ岳、白馬岳など）が続く。右方の雲海上

標高	距離	山名
1925	49.6	車山
2530	56.3	蓼科山
1650	32.7	守屋山
2480	57.1	（北）横岳
2403	57.1	縞枯山
2370	56.9	茶臼山
2330	56.8	丸山
2496	56.7	中山
2646	55.9	（西）天狗岳
2603	56.1	根石岳
2590	55.8	箕冠山
2760	56.2	硫黄岳

八ガ岳連峰の展望。朝方は逆光でシルエットだ。左方には北部の蓼科山、北横岳、縞枯山、中央部右には南部の赤岳、権現岳、編笠山など。右方に奥秩父の山（小川山、甲武信ガ岳、金峰山など）

東▼

標高	距離	山名
2599	74.7	金峰山
2592	79.0	国師ガ岳
2037	39.2	雨乞岳
2267	33.6	白岩岳
2232	82.0	黒金山
2016	82.4	乾徳山
2319	38.5	大岩山
2514	36.1	編笠山
2685	36.7	鋸山（鋸岳）
2967	39.2	（甲斐）駒ガ岳
2752	38.7	駒津峰 *
2649	37.9	双児山
2714	40.8	栗沢山
2799	40.0	アサヨ峰
2764	43.5	地蔵ガ岳
2855	36.1	小仙丈ガ岳
2864	35.8	仙丈ガ岳
3033		大仙丈ガ岳

＊駒津峰北峰

左方は奥秩父の山。その右方は南アルプス北部の甲斐駒ガ岳、鳳凰三山（地蔵ガ岳など）、仙丈ガ岳、白峰三山（北岳、間ノ岳、農鳥岳）に富士山が加わる。日本の標高1位、2位（北岳）の整列

南東▼

標高	距離	山名
2895	44.0	広河内岳
3776	96.2	富士山
2698	41.4	北荒川岳
2243	31.2	二児山
2920	42.5	北俣岳
3052	41.9	塩見岳
2121	33.0	笹山
2658	38.7	本谷山
2726	41.1	烏帽子岳
2784	42.0	前小河内岳
2802	42.2	小河内岳
		荒川岳
3141	46.9	東岳（悪沢岳）
3083	46.2	中岳
3068	46.2	前岳
3081	48.1	小赤石岳

144 左端の富士山の右に南アルプス中部の塩見岳と南部の巨人たち（悪沢岳、赤石岳、聖岳など）が続く。右端には光岳が見え、その手前に木曽駒ガ岳とは尾根続きの宝剣岳がある

＊これと同じ手法で構成した広角展望図集『山岳展望ハンドブック』が小社より刊行されています
『山岳展望ハンドブック1』燧ガ岳、男体山、妙高山、雲取山、高尾山など関東周辺の20山を収録
『山岳展望ハンドブック2』ここに掲載した山のほか、槍ガ岳、北岳など中部山岳の20山を収録
　　ともにA5横／206ページ　980円（税別）問い合わせ先は176ページをごらんください

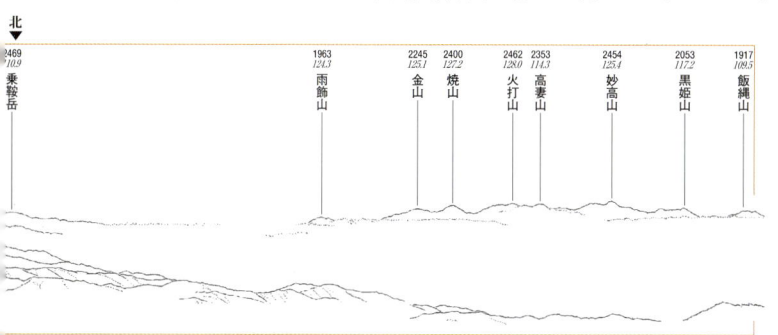

展望方位表示図

北

2469　　　　　　　　　1963　　2245　2400　2462　2353　　2454　　2053　1917
　　　　　　　　　　　124.3　125.1　127.2　128.0　114.3　125.4　117.2　109.5
乗　　　　　　　　　　雨　　　金　　焼　　火　　高　　　妙　　　黒　　飯
鞍　　　　　　　　　　飾　　　山　　山　　打　　妻　　　高　　　姫　　縄
岳　　　　　　　　　　山　　　　　　　　　山　　山　　　山　　　山　　山

山塊（火打山、妙高山など）　大汝山おおなんじやま　常念岳じょうねんだけ　雨飾山あまかざりやま　飯縄山いいづなやま

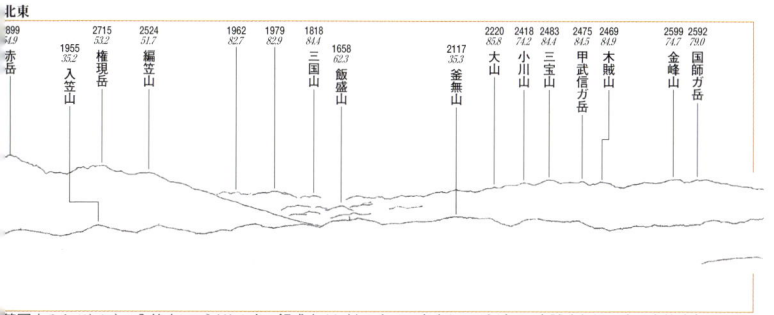

北東

899　　2715　2524　　1962　1979　1818　　　　2220　2418　2483　2469　2599　2592
64.9　53.2　51.7　　82.7　82.9　84.3　　　　85.8　74.2　84.4　84.5　74.7　79.0
　　1955　　　　　　　　　　　　1658　　2117
　　33.2　　　　　　　　　　　　62.3　　35.3
赤　入　権　編　　　　三　飯　　　釜　　　大　小　三　木　金　国
岳　笠　現　笠　　　　国　盛　　　無　　　山　川　宝　賊　峰　師
　　山　岳　山　　　　山　山　　　山　　　　　山　山　山　山　ガ
　　　　　　　　　　　　　　　　　　　　　　　　　　　甲　　　岳
　　　　　　　　　　　　　　　　　　　　　　　　　　　武
　　　　　　　　　　　　　　　　　　　　　　　　　　　信
　　　　　　　　　　　　　　　　　　　　　　　　　　　ガ
　　　　　　　　　　　　　　　　　　　　　　　　　　　岳

箕冠山みかぶりやま　入笠山にゅうがさやま　飯盛山めしもりやま　三宝山さんぽうざん　木賊山とくさやま　金峰山きんぷさん

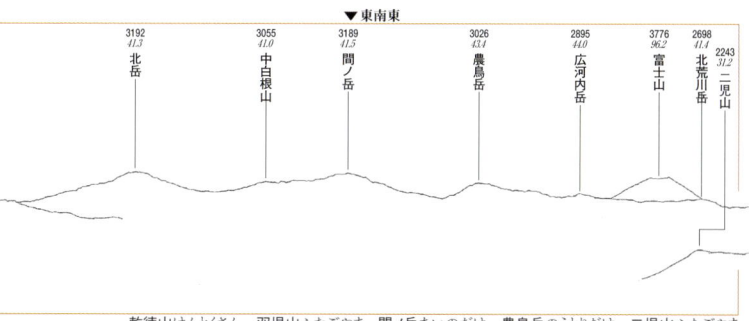

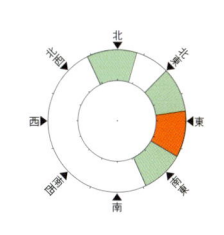

▼東南東

3192　　　3055　　　3189　　　3026　　　2895　　　3776　　2698
41.3　　　41.0　　　41.5　　　43.4　　　44.0　　　96.2　　41.4
　　　　　　　　　　　　　　　　　　　　　　　　　　　　　　2243
　　　　　　　　　　　　　　　　　　　　　　　　　　　　　　31.2
北　　　中　　　間　　　農　　　広　　　富　　北　　二
岳　　　白　　　ノ　　　鳥　　　河　　　士　　荒　　児
　　　　根　　　岳　　　岳　　　内　　　山　　川　　山
　　　　山　　　　　　　　　　　岳　　　　　　岳

乾徳山けんとくさん　双児山ふたごやま　間ノ岳あいのだけ　農鳥岳のうとりだけ　二児山ふたごやま

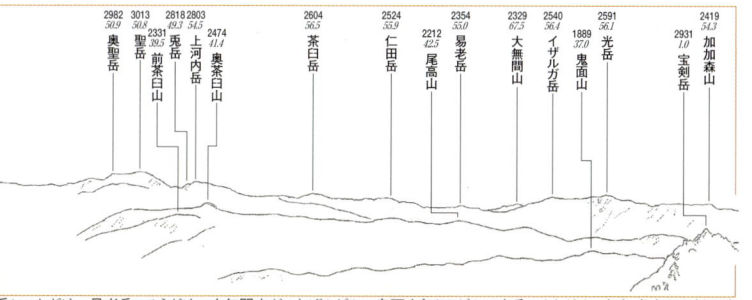

2982　3013　2818　2803　　2604　　2524　2354　　2329　2540　2591　　2419
50.9　50.8　49.3　54.5　　56.5　　55.9　55.0　　67.5　56.4　56.1　　54.3
　　　　　2331　2474　　　　　　2212　　　　　1889　　　2931
　　　　　39.5　41.4　　　　　　42.5　　　　　37.0　　　1.0
奥　聖　前　奥　　茶　　仁　尾　　大　イ　光　　宝
聖　岳　茶　茶　　臼　　田　高　　無　ザ　岳　　剣
岳　　　臼　臼　　岳　　岳　山　　間　ル　　　　岳
　　　　山　山　　　　　　　　　　山　ガ　　　　　　加
　　　　　　　　　　　　　　　　　　岳　　　　　　加
　　　　　　　　　　上　　易　　　　　鬼　　　　　森
　　　　　　　　　　河　　老　　　　　面　　　　　山
　　　　　　　　　　内　　岳　　　　　山
　　　　　　　　　　岳

日岳にったけ　易老岳いろうだけ　大無間山だいむげんざん　鬼面山きめんざん　光岳てかりだけ　加加森山かがもりやま

145

赤石岳山頂からの山岳展望図　佐古清隆＝図と解説

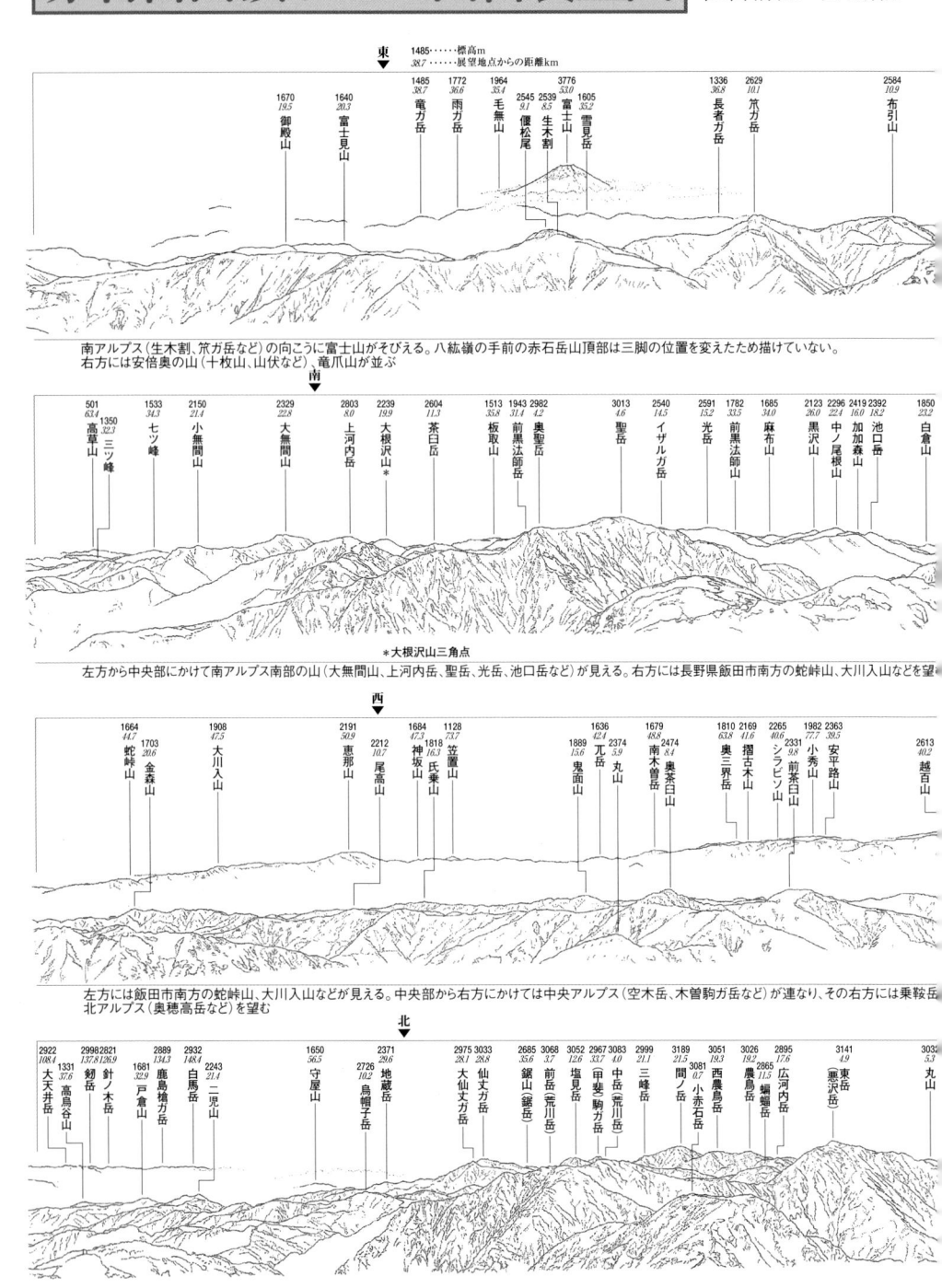

1485‥‥‥標高m
28.7‥‥‥展望地点からの距離km

東▼

山名	標高	距離
御殿山	1670	19.5
富士見山	1640	20.3
竜ガ岳	1485	38.7
雨ガ岳	1772	36.6
毛無山	1964	35.4
優艪尾	2545	9.1
生木割	2539	8.5
富士山	3776	53.0
雪見岳	1605	35.2
長者ガ岳	1336	36.8
笊ガ岳	2629	10.1
布引山	2584	10.9

南アルプス（生木割、笊ガ岳など）の向こうに富士山がそびえる。八紘嶺の手前の赤石岳山頂部は三脚の位置を変えたため描いていない。
右方には安倍奥の山（十枚山、山伏など）、竜爪山が並ぶ

南▼

山名	標高	距離
高草山	501	63.4
三ツ峰	1350	32.3
七ツ峰	1533	34.3
小無間山	2150	21.4
大無間山	2329	22.8
上河内岳	2803	8.0
大根沢山*	2239	19.9
茶臼岳	2604	11.3
板取山	1513	35.8
奥黒法師岳	1943	31.4
奥聖岳	2982	4.2
聖岳	3013	4.6
イザルガ岳	2540	14.5
光岳	2591	15.2
前黒法師山	1782	33.5
麻布山	1685	34.0
黒法山	2123	26.0
中ノ尾根山	2296	22.4
加加森山	2419	16.0
池口岳	2392	18.2
白倉山	1850	23.2

*大根沢山三角点

左方から中央部にかけて南アルプス南部の山（大無間山、上河内岳、聖岳、光岳、池口岳など）が見える。右方には長野県飯田市南方の蛇峠山、大川入山などを望

西▼

山名	標高	距離
蛇峠山	1664	44.7
金森山	1703	20.6
大川入山	1908	47.5
恵那山	2191	50.9
尾高山	2212	10.7
神坂山	1684	16.3
氏乗山	1818	23.4
笠置山	1128	57.8
鬼面山	1889	15.6
兀岳	1636	42.4
丸山	2374	5.9
南木曽岳	1679	29.2
奥茶臼山	2474	8.4
前茶臼山	2331	9.8
摺古木山	2169	40.6
シラビソ山	2265	12.4
小秀山	1982	77.7
安平路山	2363	39.5
越百山	2613	40.2

左方には飯田市南方の蛇峠山、大川入山などが見える。中央部から右方にかけては中央アルプス（空木岳、木曽駒ガ岳など）が連なり、その右方には乗鞍岳、北アルプス（奥穂高岳など）を望む

北▼

山名	標高	距離
大天井岳	2922	108.4
高鳥谷山	1331	37.6
剣岳	2998	137.8
針ノ木岳	2821	126.9
鹿島槍ガ岳	2889	134.3
戸倉山	1681	32.9
白馬岳	2932	148.4
二児山	2243	21.1
烏帽子岳	2726	10.2
守屋山	1650	56.5
地蔵岳	2371	29.6
大仙丈岳	2975	28.1
仙丈岳（仙丈ガ岳）	3033	28.8
前岳（荒川前岳）	3068	3.7
鋸岳	2685	35.6
塩見岳	3052	12.6
中岳（荒川中岳）	2967	3.3
甲斐駒ガ岳	3083	34.0
三峰岳	2999	21.1
前岳	3189	21.5
蝙蝠岳	2865	19.3
小赤石岳	3081	0.6
西農鳥岳	3026	19.3
広河内岳	2895	17.6
東岳（悪沢岳）	3141	4.9
丸山	3032	5.3

左方には北アルプスが見える。中央部には南アルプスの仙丈ガ岳、塩見岳、甲斐駒ガ岳、間ノ岳、悪沢岳などがひしめき、山座同定（山名判定）の面白さが味わえる。右方には奥秩父の山を望む

＊これと同じ手法で構成した広角展望図集『山岳展望ハンドブック』が小社より刊行されています
『山岳展望ハンドブック1』燧ガ岳、男体山、妙高山、雲取山、高尾山など関東周辺の20山を収録
『山岳展望ハンドブック2』ここに掲載した山のほか、槍ガ岳、北岳など中部山岳の20山を収録
ともにA5横／206ページ　980円（税別）問い合わせ先は176ページをごらんください

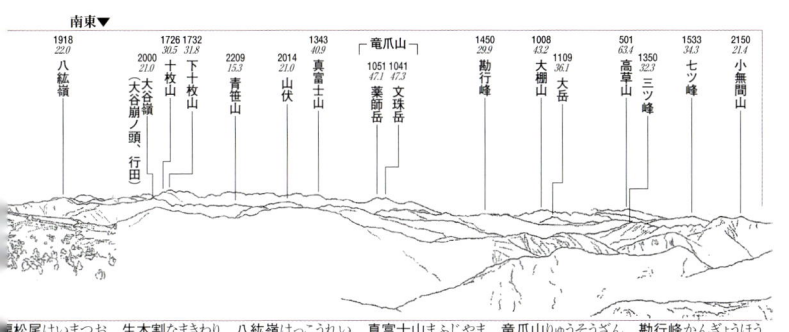

展望方位表示図

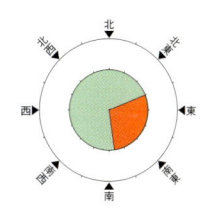

▼南東

標高	距離	山名
1918	22.0	八紘嶺
1726	30.5	十枚山
1732	31.8	下十枚山
2000	21.0	（大谷崩ノ頭）大谷嶺 行田
2209	15.3	青笹山
2014	21.0	山伏
1343	40.9	真富士山
1051	47.1	竜爪山 薬師岳
1041	47.3	文珠岳
1450	29.9	勘行峰
1008	43.2	大棚山
1109	36.1	大岳
501	63.4	高草山
1350	32.3	三ツ峰
1533	34.3	七ツ
2150	21.4	小無間山

松尾はいまつお　生木割なまきわり　八紘嶺はっこうれい　真富士山まふじやま　竜爪山りゅうそうざん　勘行峰かんぎょうほう

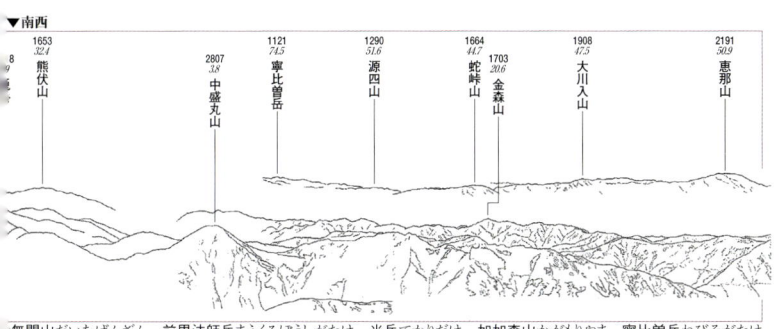

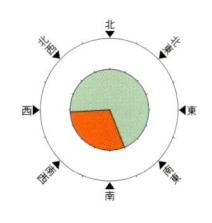

▼南西

標高	距離	山名
1653	32.4	熊伏山
2807	3.8	中盛丸山
1121	74.5	寧比曽岳
1290	51.6	源四山
1664	44.7	蛇峠山
1703	20.6	金森山
1908	47.5	大川入山
2191	50.9	恵那山

無間山だいむげんざん　前黒法師岳まえくろぼうしがたけ　光岳てかりだけ　加加森山かがもりやま　寧比曽岳ねびそがたけ

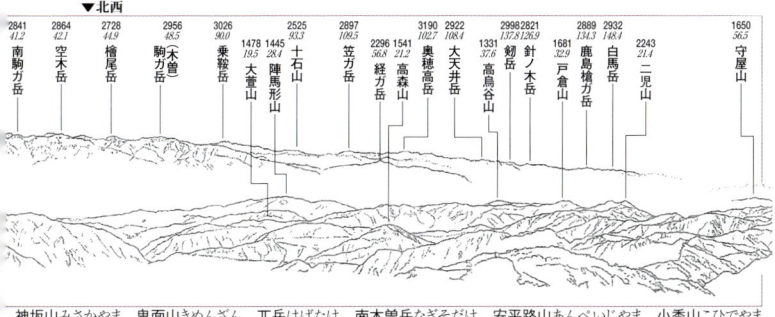

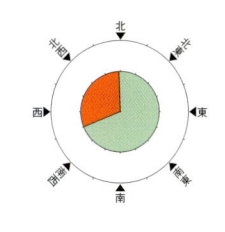

▼北西

標高	距離	山名
2841	41.2	南駒ガ岳
2864	44.9	空木岳
2728	44.9	檜尾岳
2956		（木曽）駒ガ岳
3026	90.0	乗鞍岳
1478	19.5	大笹山
2525	28.4	十石山
1445		陣馬形山
2897		笠岳
2296	56.8	奥穂高岳 経岳
3190	102.7	大天井岳
2922	108.4	高島谷山
2998	137.8	鹿島槍ガ岳 剣岳
2821	126.9	針ノ木岳
2889	137.6	白馬岳
1681	32.9	戸倉山
2932	148.4	鹿島槍ガ岳
2243	21.4	二児山
1650	56.5	守屋山

神坂山みさかやま　鬼面山きめんざん　兀岳はげたけ　南木曽岳なぎそだけ　安平路山あんぺいじやま　小秀山こひでやま

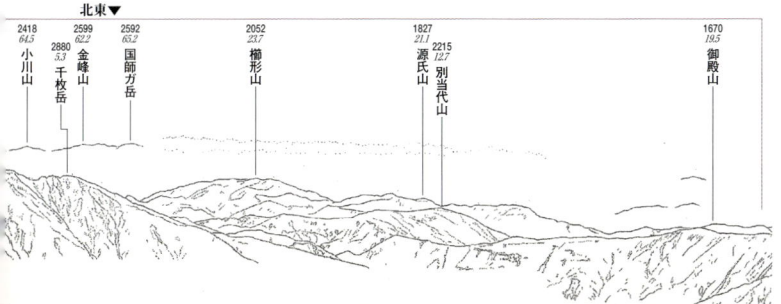

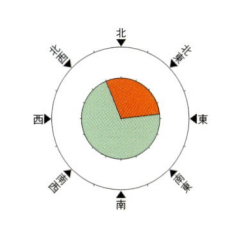

▼北東

標高	距離	山名
2418	64.5	小川山
2880	5.3	千枚岳
2599	62.2	金峰山
2592	65.2	国師ガ岳
2052	23.7	櫛形山
1827	21.1	源氏山
2215	12.7	別当代山
1670	19.5	御殿山

高烏谷山たかずやさん　三峰岳みぶだけ　蝙蝠岳こうもりだけ　金峰山きんぷさん　別当代山べっとうだいさん

147

MAP ①

木曽駒・宝剣・空木
荒川三山・赤石・聖・光
白 地 図

● この地図は、本文中にある12枚の地図を加工した白地図で、それぞれ地図番号を同じにしています。対比しながらご利用ください。
● 歩いてきたコース、予定しているコースを赤ペンでマークすることができます。
● 主要ポイントや休憩地点での時間をメモしたり、咲いている花名や、コースの状況などを記入すれば、「山行記録帳」として利用することもできます。

伊那市
茶臼山
▲1916
横山
伊那西小
ますみヶ丘
ゴルフ場
▲931
845▲
ますみヶ丘
船窪
ネズミ平
鳩吹山
▲1320
内ノ萱
荒井
天狗
小出二区
小屋敷
小黒川
小屋敷
馬返し
ちりめん坂
ブドウの泉
野田場
桂小場
小黒発電所
伊那西町
小出二区
▲1175
小黒山
1564
つばくろ沢
板沢
伊那スキーリゾート
八丁立
勇次郎峠ノ頭
2468
権現づるね
五合目
権現山
▲1749
伊那市
958▲
伊勢滝
大田切川
黒川山
▲2244
▲1547
物見や城
▲1122
ウドンヤ峠
五合目
清水平
宮田村
オッ越
烏帽子山
▲2123
宮田高原
宮田高原キャンプ場
蛇腹沢登山口
北御所林道
寺沢林道
北御所
登山口
不動滝
大平山
1771
1551▲
997▲
MAP ③ (P152-153)
149

8km　　10km　　12km　　14km

木曽町・上松町地図

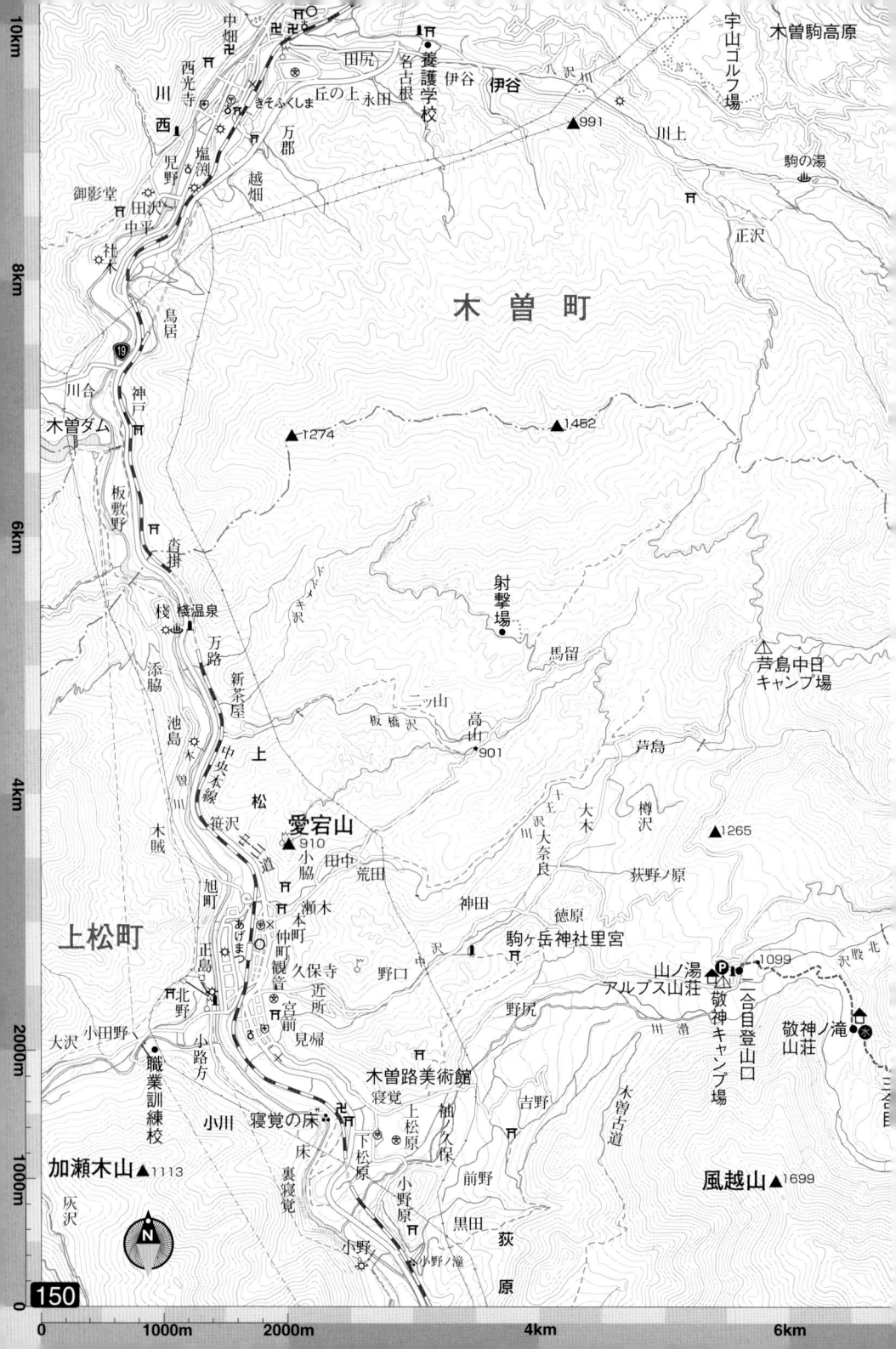

主な地名・施設：

- 宇山ゴルフ場
- 木曽駒高原
- 駒の湯
- 正沢
- 木曽町
- ▲991
- ▲1274
- ▲1452
- 伊谷
- 田尻
- 名古根
- 養護学校
- きそふくしま
- 丘の上
- 永田
- 中畑
- 西光寺
- 川西
- 御影堂
- 児野
- 塩渕
- 万郡
- 越畑
- 田沢
- 中平
- 社木
- 鳥居
- 川合
- 神戸
- 木曽ダム
- 板敷野
- 杏掛
- 桟温泉
- 万路
- 新茶屋
- 添脇
- 池島
- 木賊
- 中央本線
- 中山道
- 上松
- 板橋沢
- 二ツ山
- 高山 ・901
- 射撃場
- 馬留
- 芦島中日キャンプ場
- 芦島
- 樽沢
- ▲1265
- 大木
- 大奈良
- 玉沢
- 荻野ノ原
- 徳原
- 駒ヶ岳神社里宮
- 神田
- 愛宕山 ▲910
- 小脇
- 田中
- 荒田
- 瀬木
- 旭町
- 笹沢
- あげまつ
- 本町
- 仲町
- 久保寺
- 観音
- 近所
- 宮前
- 見帰
- 野口
- 野尻
- 山ノ湯
- アルプス山荘
- 一合目登山口
- 駒神キャンプ場
- ▲1099
- 敬神ノ滝
- 敬神山荘
- 上松町
- 大沢
- 小田野
- 正島
- 北野
- 職業訓練校
- 小路方
- 小野原
- 木曽路美術館
- 寝覚の床
- 上松原
- 寝覚
- 柚ノ久保
- 吉野
- 木曽古道
- 加瀬木山 ▲1113
- 灰沢
- 小川
- 下松原
- 床
- 裏寝覚
- 小野
- 小野ノ滝
- 前野
- 黒田
- 荻原
- 風越山 ▲1699

道路：国道19号、国道150号

方位：N

MAP ②

大棚入山 ▲ 2375

塩尻市

→ MAP ①(P148-149)

水産試験場

大原
奥村
正沢川
大下村
中村
2147

木曽見台 ▲ 1560
三合目

木曽駒冷水
駒石荘
P
木曽駒高原スキー場

▲ 1711

濃ガ池川

木曽町

津島神社

茶臼山 ▲ 2653

行者岩 2658
八丁坂ノ頭

福島Aコース

林道終点
四合目・力水

幸ノ川

正沢川

赤林山 ▲ 2178
四合目

2646

将棊頭山 ▲ 2730

小野川

奇美世滝

上松Bコース

五合目 2150
福島Bコース
2386

七合目避難小屋 2406
六合目

駒石 2721
山姥
八合目

玉ノ窪沢
細尾沢

遭難碑

伊那市西駒山荘

濃ガ池分岐 2661

2779
濃ガ池
馬ノ背

七合目
岩清水

宮田村

上松町

麦草岳 ▲ 2733

正股沢

五合目

上松Aコース
七合目
見晴台
天ノ岩戸

2676
牙岩

木曽前岳 ▲ 2826
玉ノ窪山荘 2756
九合目
すずり岩
大ナギ
八合目
遠見場の小屋跡

頂上木曽小屋
木曽駒ヶ岳 ▲ 2956
頂上山荘
中岳 ▲ 2926
駒飼ノ池

天狗荘
宝剣山荘 293
宝剣岳
三ノ沢分岐
駒ヶ岳神社
極楽平 2676
島田娘 2858

伊那前岳 ▲ 2882
2911
乗越浄土
九勒合銘
目石 八合目

ホテル千畳敷
せんじょうじき
駒ヶ岳ロープウェイ

金懸小屋
1721
四合目
2074
金懸岩
五合目
六合目

舟窪

三ノ沢岳 ▲ 2847
大桑村

最低鞍部
ケルン

2711

駒ヶ根市

濁沢大峰 ▲ 2724

日暮ノ滝

↓ MAP ③(P152-153)

151

8km　　10km　　12km　　14km

152

MAP ②（P150-151）↑

麦草岳 2733
駒石 2721
八合目
木曽前岳 2826
頂上木曽小屋
木曽駒ヶ岳 2956
濃ヶ池分岐 2779
馬ノ背
岩清水
玉ノ窪山荘 2756
2676
牙岩
九合目
すずり岩
大ナギ
頂上山荘
中岳 2925
駒飼ノ池
伊那前岳 2911 2883
勒銘石
九合目
天狗荘
乗越浄土
宝剣山荘 2931
宝剣岳
上松Aコース
八合目
遠見場の小屋跡
三ノ沢分岐
駒ヶ岳神社
千畳敷
駒ヶ岳ロープウェイ
せんじょうじき
敬神ノ滝山荘
金懸小屋
七合目
天ノ岩戸
見晴台
六合目 2074
五合目
金懸岩
四合目
1721
三合目
極楽平 2676
島田娘 2858
上松町
最低鞍部
ケルン
サギダル
三ノ沢岳 2847
2711
駒ヶ根市
濁沢大峰 2724
2536
▲2339
檜尾岳 2728
檜尾避難小屋
小檜ノ頭
狼原沢
2708
2680
池ノ平カール
熊沢岳 2778
伊奈川
金沢
▲2249
2703
大桑村
東川岳 2671
木曽殿山荘
アオナギ
中八丁
仙人ノ泉
2782
木曽殿越
義仲の力水
空木岳 2764
駒峰ヒュッテ
金沢土場
伊奈川本谷避難小屋
ウサギ平
八丁ノゾキ
東金尾根
六合目 652
東明ノ泉
五合目
七合目
2273
2389
八合目
中山沢

↓ MAP ④（P154-155）

0　1000m　2000m　4km　6km

MAP ③

MAP ①（P148-149）

MAP ④

- 鳥捕山 1271
- ▲1171
- 荻原小
- 諸原
- 荻原
- くらもと
- 桟沢
- アオナギ
- 一合目笛掛
- イザルボテ
- 中八丁
- 馬ノ背
- 大沢
- 上松町
- 登玉
- 池の尻
- ▲987
- 伊奈川本谷避難小屋
- ▲1805
- 大桑村歴史民俗資料館
- 村民体育館
- ▲823
- 中央本線
- 中山道
- 上郷
- のろし岩 1867
- ▲糸瀬山
- 青ナギ
- 倭和村橋
- 満寿田橋
- 鹿島神社
- すはら
- しょうぶ平
- ▲774
- 胸突八丁
- まむし坂
- 山居ノ鳥屋
- 丸屋ノ鳥屋 1408
- ▲横山
- 今朝沢橋
- 林道ゲート
- 今朝沢林道
- 定勝寺
- 糸瀬山登山口
- ▲1091
- 1220
- 伊奈川ダム
- 越坂
- 東外向
- ▲800
- 長野
- 下条
- ▲708
- 伊奈川神社
- 大野
- 田光
- 伊奈川
- 大平
- 大桑村
- ▲1200
- 高山▲ 1243
- 長野
- 笹山

0 — 1000m — 2000m — 4km — 6km

MAP ③（P152-153）

熊沢岳 2778
2249
2703
駒ヶ根市
空木岳避難小屋
2415
木曽殿越
東川岳 2671
木曽殿山荘
駒石
2528
分岐
金沢土場
八丁ノゾキ
東金尾根
仙人ノ泉
2389
義仲の力水
2782
空木岳 2864
駒峰ヒュッテ
ウサギ平
五合目
六合目 1652
東明ノ泉
七合目
八合目 2273
北川沢
奥一又沢
中山沢
赤梛岳 2798
大桑村
摺鉢窪分岐
摺鉢窪避難小屋
百間ナギ
2411
南駒ヶ岳 2841
摺鉢窪
北沢尾根
南峰
2628
にわとり小屋橋
2734 仙涯嶺
シャクナゲ周辺
福栃橋
下のコル
1749
上のコル
オコジョの平
2562
飛竜ノ滝
越百山避難小屋
小屋跡
旧越百
遠見尾根
越百小屋
越百山 2613
七合目
御嶽展望台
八合目
シオジ平
2295
福栃山 2436
南越百山 2569
ノウナシ岩
飯島駅へ
飯島町
奥念丈岳 2303
池ノ平山 2327
安平路山へ
上片桐駅へ

8km　　10km　　12km　　14km

MAP ⑤

辰野町

黒沢山へ

経ガ岳 ▲2296

大泉山 ▲2252

九合目

露岩の頭 ▲2192

▲2043

八合目

2035

七合目 ▲1915

北沢山 ▲1969

南箕輪村

884

北沢

1807

権兵衛峠トンネル

国道19号線へ

権兵衛街道

156

南箕輪村　箕輪町

▲1557
▲1370

大泉ダム
大泉川

六合目
•1687
•1459
五合目
四合目
▲1164.1

北割
大門
見晴台
仲仙寺
大沢
羽広
田代
古屋敷
みはらしファーム
みはらしの湯
羽広

▲1520

伊那市

経ヶ岳自然植物園

上溝
西箕輪
伊那市駅へ
西箕輪小
西箕輪中

▲980
殿屋敷　梨ノ木

157

4km　5km　6km　7km

MAP ⑥

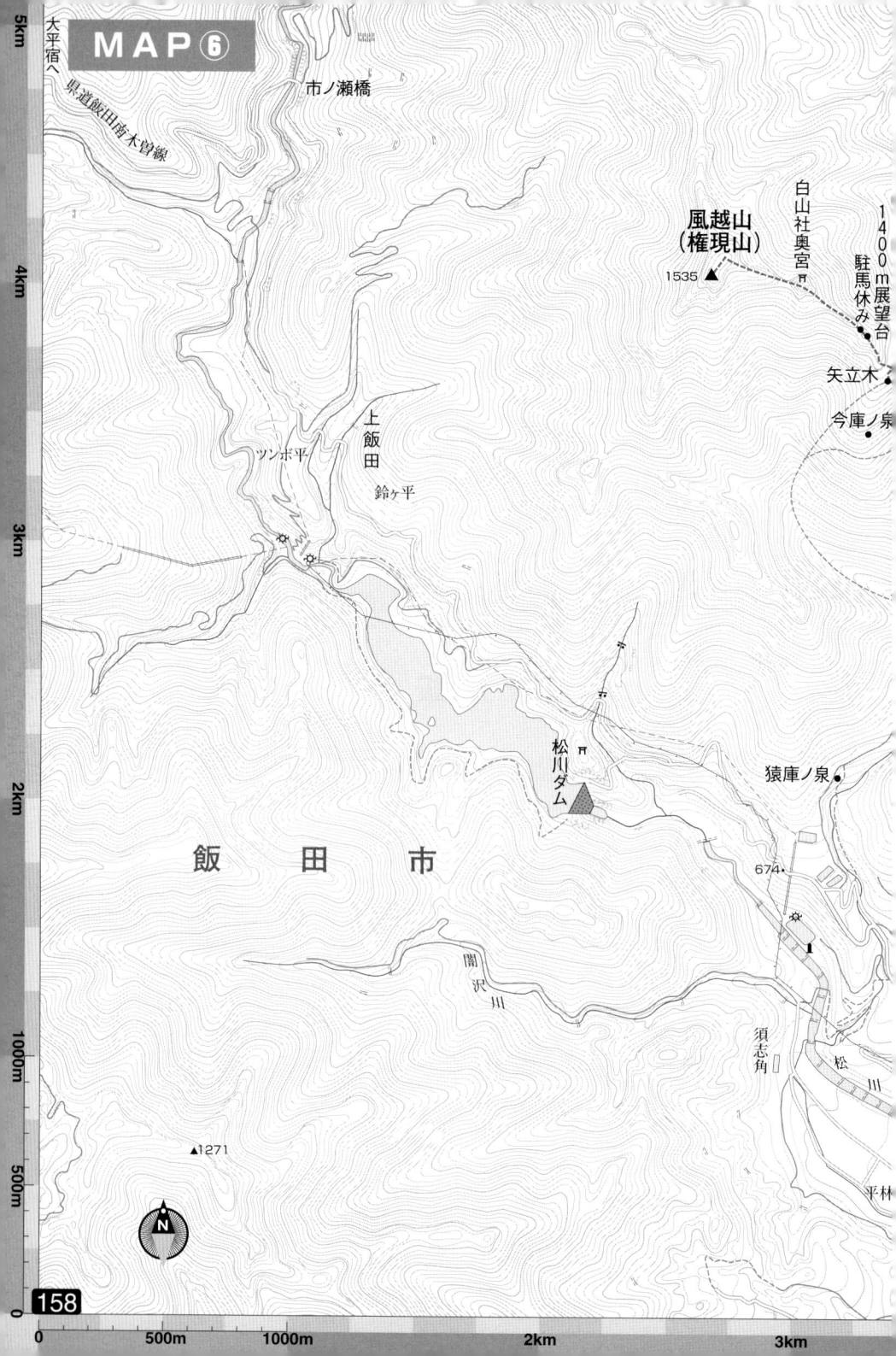

大平宿へ
県道飯田南木曽線
市ノ瀬橋

風越山（権現山）
▲1535

白山社奥宮
1400m展望台
駐馬休み
矢立木
今庫ノ泉

ツンボ平
上飯田
鈴ヶ平

松川ダム

猿庫ノ泉

飯田市

674

闇沢川

須志角
松川

▲1271

平林

158

▲875.3

花草原
太田
延命水
虚空蔵山
1130
秋葉大権現
蚕種石
苦竹
日向馬留
石燈籠
お滝坊
▲821
桜ヶ丘団地
飯田ヘルスセンター
登山口
滝の沢
白山社里宮
▲584
正永町二丁目
正永町一丁目
▲564
砂払温泉
砂払町三丁目
馬場権現
羽場
▲554
羽場赤坂
羽場上河原
樋の沢
松川町
白山通り二丁目
▲509.6
愛宕
旭町
飯田ICへ

野底川
739▲
▲671
棚田
上黒田
松川ICへ
飯田市
667▲
押洞
丸山町四丁目
今宮町四丁目
郊戸神社
597▲
▲548
宮ノ上
大宮神社
柏原
高羽町六丁目
東野
宮ノ前
諏訪町
さくらまち
丸山町三丁目
丸山
高羽町五丁目
錦町二丁目
桜町
中央自動車道
丸山町二丁目
丸山町一丁目
今宮町二丁目
白山町三丁目東
羽場町一丁目
曙町
羽場町二丁目
羽場町四丁目
JR飯田線
蓑瀬町一丁目
本町二丁目
松尾町二丁目
江戸町
吾妻町
馬場町
仲ノ町
大久保町
飯田

4km　　　5km　　　6km　　　7km

MAP ⑦

中津川市

▲1305

天狗谷

岩ガ沢

ウバナギ

大判山 ▲1696

天狗ナギ

1802

不動洞

黒沢

1972

前宮コース

川上村恵那神社へ

一ノ宮

分岐

阿智村

2182
2191

🚻 恵那山頂避難小屋

恵那山 ▲ 2190

恵那山神社本宮

 2071

公神原ルート（新恵那山登山道）

黒井沢登山口へ

中津川へ
強清水

160

萬岳荘
中津川ICへ
恵那山トンネル
一本立
池ノ平
林道大谷霧ガ原線
神坂峠遺跡
1569
神坂峠
P
P
鳥越峠
飯田ICへ
1143 ▲
1689 ▲
1471 ▲
神坂神社
朝日松
古道東山道
園原川
暮白ノ滝
富士見展望台
1622
▲1174
マウンテンロッジ
P 広河原登山口
富士見台高原ロープウェイ
徒渉点
ヘブンスそのはら
スキーパーク
展望台リフト
センターハウス
本谷川
稜線
▲1444
▲1174
峰越林道
阿 智 村
戸沢
県道富士見台公園線
本谷川
▲1210
高野谷

4km　　　5km　　　6km　　　7km

161

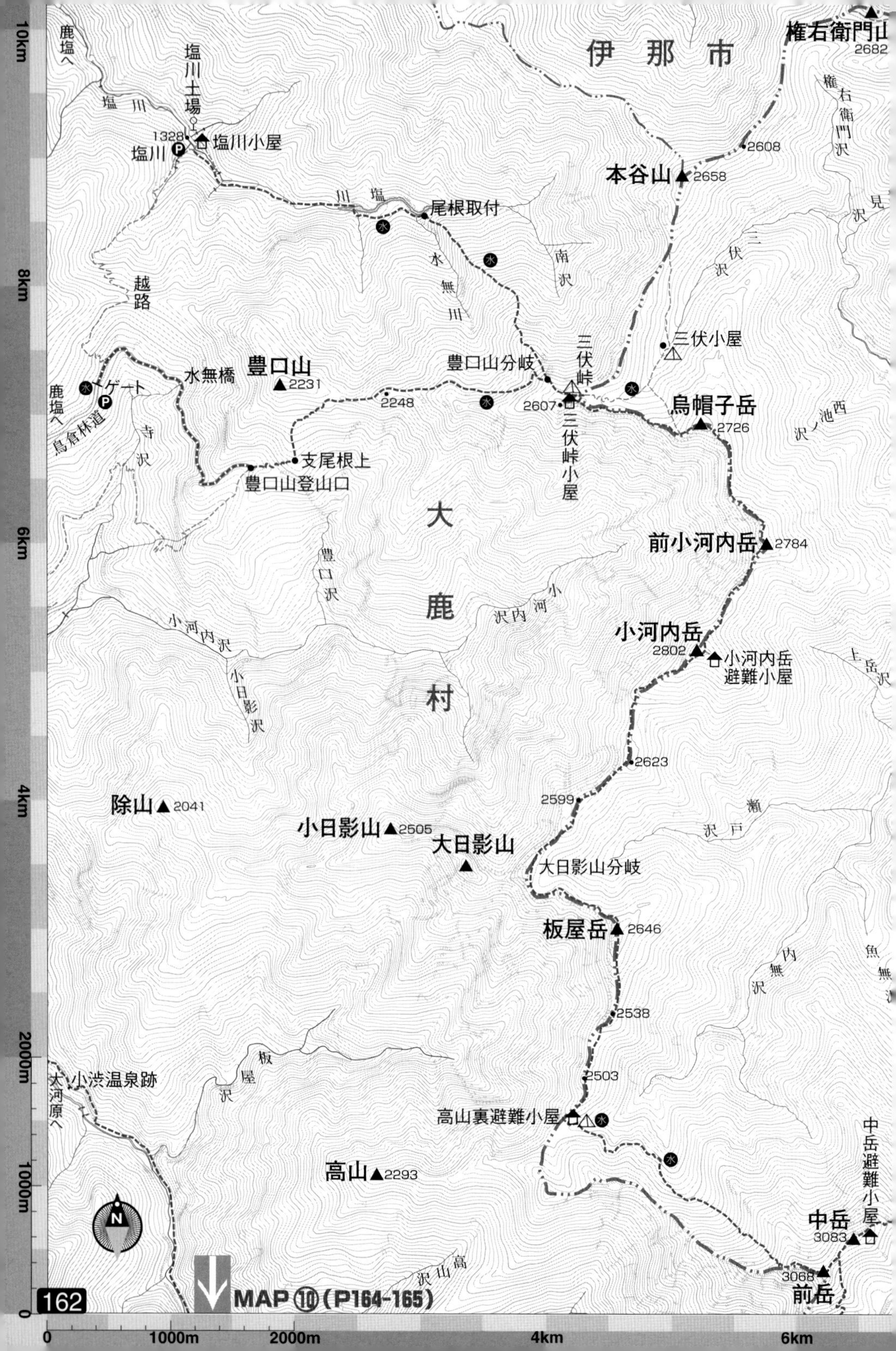
伊那市
大鹿村
権右衛門山
2682
権右衛門沢
鹿塩へ
塩川土場
塩川
1328
塩川小屋
塩川
2608
本谷山
2658
尾根取付
水無川
南沢
三伏沢
三伏小屋
越路
豊口山
2231
水無橋
豊口山分岐
三伏峠
2607
三伏峠小屋
ゲート
鹿塩へ
鳥倉林道
2248
寺沢
烏帽子岳
2726
西ノ池沢
支尾根上
豊口山登山口
前小河内岳
2784
豊口沢
小河内沢
小河内岳
2802
小河内岳避難小屋
小日影沢
上岳沢
2623
2599
除山
2041
小日影山
2505
大日影山
瀬戸沢
大日影山分岐
板屋岳
2646
内無沢
魚無沢
2538
板屋沢
小渋温泉跡
大河原へ
2503
高山裏避難小屋
高山
2293
中岳避難小屋
中岳
3083
高山沢
前岳
3068
MAP ⑩（P164-165）
10km
8km
6km
4km
2000m
1000m
0
1000m
2000m
4km
6km

MAP ⑨

塩見小屋
北荒川岳へ
西峰塩見岳
狗岩 ▲3047
東峰 ▲3052
北俣岳 ▲2920
北俣岳分岐
北俣尾根
広河内岳へ
黒河内岳 ▲2718
(笹山)
早川町
白剥山へ
向池ノ沢
森屋沢
大井川
東俣
白唐沢
長瀞沢
押出沢
蝙蝠岳 ▲2865
蝙蝠尾根
静岡市
北俣
上四郎作沢
鞍部
徳右衛門岳 ▲2599
徳右衛門沢
▲2253
岳沢
西小石沢
西俣
柾小屋沢
柳沢
曲輪沢
大井川
東俣
蛇抜沢
新蛇抜沢
西小石岳 ▲2827
▲2007
悪沢
東岳 ▲3141
(悪沢岳)
丸山 ▲3032
千枚小屋分岐
千枚薙
マンノー沢ノ頭 ▲2503
二軒小屋
ロッヂ
二軒小屋
二軒小屋登山小屋
荒川三山
千枚岳 ▲2880
・2497
千枚小屋

↓ MAP ⑩ (P164-165)
↓ MAP ⑫ (P168-169)

163

8km　　10km　　12km　　14km

MAP ⑨ (P162-163)

- 小渋温泉跡
- 湯折 伊那大島駅へ
- 鉄橋
- 板屋沢
- 小渋川
- 2503
- 高山裏避難小屋
- 高山 ▲2293
- 2533 井戸川ノ頭
- 中岳 ▲3083 避難小屋
- 3068 前岳
- 通行不能
- 榛沢
- 高山ノ滝 1192
- 高山沢
- 井戸川
- 荒川大崩壊地
- 大鹿村
- 2694
- 荒川小屋
- キタ沢
- キタ山沢
- 広河原小屋 1572
- 2011
- 本谷川
- 福川
- 2699 大聖寺平
- 舟窪
- ダマシ平
- 2698
- 小赤石岳の肩 3030
- 小赤石岳 ▲3081
- ラクダの背
- 3044
- 北沢カール
- 赤石岳 ▲3120
- 北沢源頭
- 馬ノ背 2827
- 赤石岳避難小屋
- 百間洞露営地
- 2628
- 百間平 2782
- 百間洞山ノ家
- 裏赤石沢
- 大沢渡へ
- 唐松峠
- 大沢岳 ▲2819
- ガレ場
- 中盛丸山 ▲2807
- 百間洞
- 南沢
- 飯田市
- 大沢
- 小兎岳 ▲2738
- 奥赤石沢
- 獅子骨
- 白蓬ノ頭 ▲2632
- 兎岳 ▲2799
- 2696
- 兎岳避難小屋(荒廃)
- 2796
- 聖岳 奥聖岳 ▲2978
- 前聖岳 ▲3013
- 聖岳東尾根
- 架線小屋

↓ MAP ⑪ (P166-167)

MAP ⑨（P162-163）

MAP ⑩

荒川三山

東岳
（悪沢岳）
3141
丸山
3032
千枚岳
2880
千枚薙
マンノー沢ノ頭 2503
二軒小屋ロッヂ
二軒小屋
二軒小屋登山小屋
千枚小屋分岐
千枚小屋
・2497
駒鳥池
2413
上千枚沢
下千枚沢
千石大橋
千石沢
車屋沢橋
車屋沢
北沢
樺沢
見晴岩
蕨段 2073
蛇沢
燕沢
本谷
上砂沢
中砂沢
1980
清水平
・1772
大尻沢
保利沢山南コル
天上小屋山
富士見平
・2701
赤石小屋
▲2564
大倉尾根
静岡市
奥西河内
東俣林道
大井川
早川町
2325
小石下 1586
木賊
木賊橋
下木賊沢
生木割 ▲2539
2027
カンバ段
吊橋
生木割分岐
草地のコル
北沢
赤石沢
1405
滝見橋
鉄塔
1372
・857
沢倉上
牛首峠
赤石沢橋
椹島ロッヂ
椹島
椹島登山小屋
東俣林道
鳥森山 ▲1571
畑薙第一ダムへ
亀沢

MAP ⑫（P168-169）

N

165

8km　　10km　　12km　　14km

MAP ⑪

- 平谷山 ▲1661
- 兎洞
- サワラ窪
- 笠松山 ▲1976
- 飯田市
- 西沢渡 1070
- 本谷口へ
- 遠山川
- 弁天岩
- 仏島
- 聖光小屋 P 便ガ島
- 937
- 二の股沢
- 燕沢
- 矢筈山 ▲1593
- 諸河内
- 883
- 易老渡
- 白薙
- 面平
- 1328
- ▲1719
- 易老沢
- ▲2254
- 2315
- 易老岳 2354
- 2228
- 三吉平
- 信濃俣河内
- 加加森山 2419▲
- 川根本町
- センジガ原
- 静高平
- イザルガ岳 2540
- 静岡市
- 光岳 2591▲
- 光岩
- 光小屋
- リンチョウ沢
- 千頭へ

166

N

0　　1000m　　2000m　　4km　　6km

MAP ⑪ (P164-165)

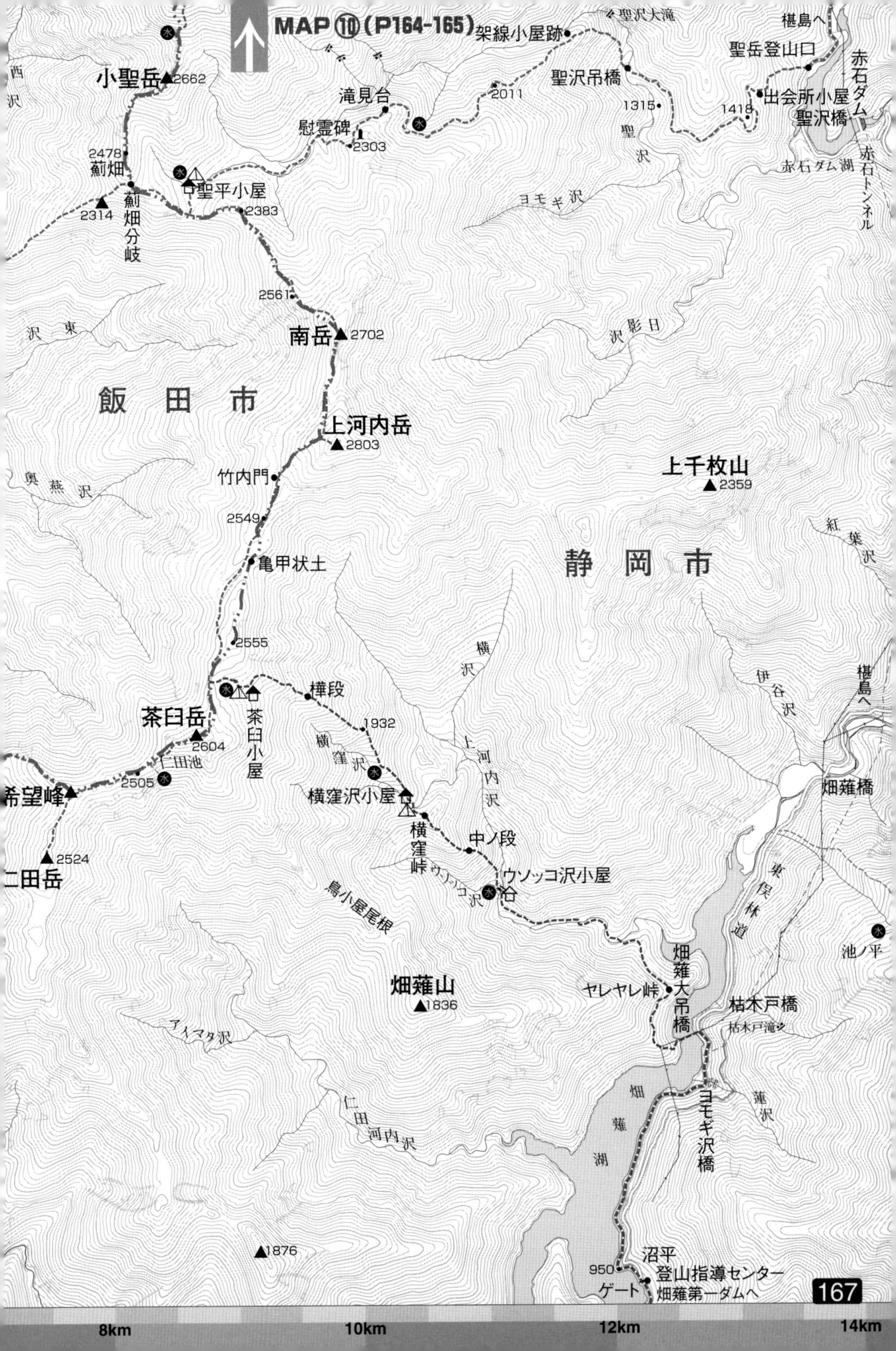

MAP ⑩ (P164-165)

MAP ⑫

東京電力
保利沢小屋

奈良田へ

▲1564

明川トンネル
▲1192
茂倉

内河内川
広河原
田代川発電所
田代登山口

田代入口
新倉
小之島トンネル
新倉

保利沢

峰山尾根

▲1823

▲1160

中洲
ヘルシー美里
大原野

野鳥公園
早川北小塩島

黒桂河内

早 川 町

大黒山 ▲1922

▲1316

早川
西之宮
宝竜寺
黒柱
西之宮

白石

大武刀尾根

保
早川町民会館
早川中
保川温泉
▲627
常昌院

草塩
草塩温泉

保
黄金不動滝

▲1828
大金山 •1310

ランカン尾根

▲996

169

8km　　　10km　　　12km　　　14km

MAP ⑬

- 2058
- 西河内
- カバ沢
- アシ沢
- ▲2112
- 静岡市
- サグラ沢
- 沢ナブ
- 大根沢山 ▲2239
- 沢ミザア
- 魚無沢
- ▲1844
- 中無間山 ▲2109
- シカのヌタ場
- ・2164
- 寸又川左岸林道
- 沢根小
- 小根沢山 ▲2127
- 展望地
- 遭難碑
- 沢籠子
- 小根沢
- 三方嶺 ▲2150
- 三隅池
- 大無間山 ▲2329
- 前無間山
- 沢ギモヲ
- 樺沢登山口
- 樺沢
- ▲1883
- 川根本町
- 大樽沢
- 樺沢コル
- 樺沢分岐
- こつば沢
- 倉沢
- 大樽沢登山口
- ▲1990
- ▲1706
- N
- 170
- 寸又峡へ
- 千頭へ

![地図]

- ▲1398
- 草薙湖へ
- ▲1808
- 県道南アルプス公園線
- 新井川渓谷
- 大井川
- 小河内川
- ▲1411
- 山伏へ
- 外山沢
- 大綱トンネル
- 唐松谷ノ頭
- 小無間山 ▲2150
- 唐松薙
- P1
- 鋸歯 1898
- P2
- P3
- 小無間小屋
- P4 ▲1796
- 畑薙第二発電所
- 小河内
- 畑薙幹線一号隧道
- ▲1219
- 小ピーク 1402
- 諏訪神社
- 田代中
- 南アルプス井川オートキャンプ場
- 1085
- 雷段
- 田代
- 田代沢
- 大島沢
- 割田原
- 井川湖
- 上坂本
- 本谷
- 岩崎中山
- 岩崎
- 井川大橋
- 静岡市
- ▲1677
- 洞沢
- 西山沢
- 西山平
- 登沢
- 井川門問
- 関沢川
- 本川根へ

171

8km　10km　12km　14km

山行記録
■目的地・コース

期　間	年　月　日　〜　　年　月　日（　泊　日）	
メンバー	L	
	SL	

MEMO

第1日	地点名	天候	時　間		MEMO
				発	
				着	
月				発	
				着	
				発	
日				着	
				発	
				着	
				発	
				着	
				発	
				着	

＊「山行記録」用紙は、コピーしてもお使いになれます。

	地点名	天候	時　間	MEMO
第2日				
			発	
			着	
			発	
			着	
			発	
月			着	
			発	
			着	
日			発	
			着	
			発	
			着	

	地点名	天候	時　間	MEMO
第3日				
			発	
			着	
			発	
			着	
			発	
月			着	
			発	
			着	
日			発	
			着	
			発	
			着	

	地点名	天候	時　間	MEMO
第4日				
			発	
			着	
			発	
			着	
			発	
月			着	
			発	
			着	
日			発	
			着	
			発	
			着	

山行記録
■目的地・コース

期　間	年　月　日　～　　年　月　日（　泊　日）	
メンバー	L	
	SL	

MEMO

	地点名	天候	時　間	MEMO
第1日			発	
			着	
			発	
月			着	
			発	
			着	
			発	
日			着	
			発	
			着	
			発	
			着	

＊「山行記録」用紙は、コピーしてもお使いになれます。

第2日	地点名	天候	時 間	MEMO
			発	
			着	
			発	
			着	
月 日			発	
			着	
			発	
			着	
			発	
			着	
			発	
			着	

第3日	地点名	天候	時 間	MEMO
			発	
			着	
			発	
			着	
月 日			発	
			着	
			発	
			着	
			発	
			着	
			発	
			着	

第4日	地点名	天候	時 間	MEMO
			発	
			着	
			発	
			着	
月 日			発	
			着	
			発	
			着	
			発	
			着	
			発	
			着	

●著者紹介

津野祐次(つの ゆうじ)

1946年長野県駒ヶ根市生まれ。中央アルプスなどの山岳地帯の自然風景を主に撮り続け、雑誌などに数多くの作品を発表。常設ギャラリーが長野県長谷村と駒ヶ根市にある。写真集・著書に、『中央アルプスを歩く』、山溪山岳写真選集『中央アルプス』、日本の山と渓谷シリーズ『甲斐駒・仙丈・塩見岳』、YAMAP②『ハガ岳』(山と溪谷社刊)、『桜さくら高遠』(信濃毎日新聞社刊)、『風景写真の撮り方』『風景写真テクニック』(成美堂出版刊)、ＣＤ－ＲＯＭ『大地のささやき』(エクシング刊)などがある。

●著者からのメッセージ

　山は幾度となく登っても、いつも新しい発見があります。萌える若葉を着ける初夏、花たちが多様に咲き競う夏、血の滲むような紅葉まとう秋。きっとそれらは、あなたの目と心に何かを訴えてきます。多くの人に登って欲しい願いを持って取材・執筆に努めました。本書を参考にしていただき、安全な登山を楽しんでください。

山下春樹(やました はるき)

1964年愛知県豊田市足助町生まれ。20年近く南アルプス、北アルプス、富士山、伊豆、奥三河などの風景写真を撮り続けている。山岳のみならず、さまざまな写真を雑誌・広告・印刷物などに提供。1995年、山と溪谷社より『南アルプス 山下春樹写真集』を発行。そのほか、山と溪谷社の共著書として『決定版　日本百名山』『決定版　花の百名山』『三百名山登山ガイド』『日本百名山登山案内』などがある。

●著者からのメッセージ

　南アルプス南部では、お花畑にシナノキンバイやハクサンイチゲが咲き乱れる盛夏が人気だが、6月の残雪と新緑、湿った草むらの中に生き生きと咲く花もかなりいい。一方、大井川沿いが紅葉の観光客でにぎわうようになると、山には新雪が積もりはじめる。営業が終わった山小屋に一人泊まって写真を撮っている時は、寂しくもあるが、風の音にも深い感動を覚えるほど心が閑である。

YAMAPシリーズ⑩
木曽駒・宝剣・空木
荒川三山・赤石・聖・光

2003年6月15日　初版第1刷
2007年5月10日　　　第3刷

著 者	津野祐次
	山下春樹
発行者	粟津彰治
発行所	株式会社 山と溪谷社

東京都港区赤坂1-9-13　三会堂ビル1階　〒107-8410
☎03-6234-1612（出版部）
☎03-6234-1602（営業部）
インターネットホームページ　http://www.yamakei.co.jp/

印刷所
製本所　大日本印刷株式会社

ISBN978-4-635-53110-8

●乱丁、落丁などの不良品は送料小社負担でお取り替えいたします。
●定価はカバーに表示してあります。
ⒸYAMA-KEI publishers Co., Ltd.
2003 Printed in Japan

●編集
WALK CORPORATION
平本雅信+小林千穂

●カバーデザイン
中村富美男

●キャラクターイラスト
中村みつを

●本文デザイン+DTP
喜田久美

●DTP
WALK DTP Systems

●MAP
(株)千秋社

■本書に掲載した地図の作製にあたっては、国土地理院発行の数値地図25000（地図画像）および数値地図50mメッシュ（標高）を使用しています。また、鳥瞰図や高低図の作製、累積標高差の計算等には、DAN杉本さん作製の「カシミール3D」を利用させていただきました。